AF266342

APERÇU

DE LA RÉVOLUTION

FRANÇAISE.

A Nantes,

De l'Imprimerie du Commerce,

Chez V^{or} Mangin père et fils,

Editeurs du journal libre l'Ami de la
Charte & de la Feuille Commerciale.

Les formalités voulues par la loi ayant été remplies, je
déclare que tout exemplaire non revêtu de ma signature
sera réputé contrefait, et que j'en poursuivrai, devant les
tribunaux, les contrefacteurs et distributeurs.

APERÇU

DE LA

RÉVOLUTION FRANÇAISE

ET DES

VÉRITABLES INTÉRÊTS

DE LA ROYAUTÉ

DANS L'ÉTAT ACTUEL DES CHOSES ;

Par Ch : Her : RICHARD, Avocat.

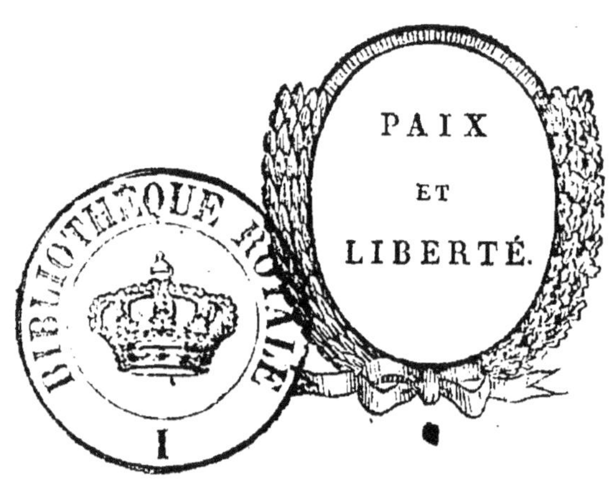

A Paris, chez { RAPET, Libraire, rue St-André-
des-Arcs, n° 41.
DELAUNAY, Libraire, Palais-
Royal, galerie de bois.

A Nantes, chez VICTOR MANGIN père et fils,
Libraires-Éditeurs.

1820.

AVIS

DES ÉDITEURS.

Nos institutions les plus chères sont menacées : nous devons tout craindre pour les libertés publiques, conquises sur la féodalité, par 31 ans de résistance à ses ridicules et antiques prétentions, par tant de victoires, sur l'Europe entière, ou plutôt sur ses gouvernements, que la vieille noblesse dominait encore assez pour leur persuader que c'était eux - mêmes que nous voulions détruire. Dans cette crise effrayante, dont le résultat peut être de nous replonger pour long-temps dans les fers que nous avons eu tant de peine à secouer ; de remettre le monarque lui-même dans la dépendance absolue de la noblesse féodale, de la vassalité ornée de tous ses agréments ; dans un tel moment, dis-je, un citoyen courageux qui ose élever la voix, pour avertir son pays des dangers sans cesse renaissants qui l'environnent, mérite peut-être un peu l'estime des vrais français, qu'il veut préserver de nouveaux malheurs.

Et ces vrais français ne sont pas ceux qui s'intitulent *par privilège, les honnêtes gens*; ce ne sont pas ceux qui ont appelé l'étranger par des *notes secrètes*; qui désirent encore de le voir dévorer notre substance, afin de rétablir leur empire inique sur notre débilité:

Ce sont ceux qui ne veulent que la Charte, c'est-à-dire un Roi constitutionnel, tel qu'il s'est placé lui-même par elle et pour elle; ceux qui veulent la liberté sans licence, l'indépendance entière de tout ce qui ne fait point partie de la Charte; ceux enfin qui, pénétrés de la dignité de l'homme, ont appris, par l'histoire et par leur propre expérience, que la nature et la société n'ont point créé de despotes. La société s'est donné des chefs, et non pas des maîtres; et, si, à l'aide du despotisme nobiliaire et du fanatisme monachal, quelques-uns d'eux sont devenus des tyrans, des oppresseurs, il est temps de faire rentrer ceux-ci dans les limites que la raison, l'équité et nos besoins leur ont prescrites. La Charte est *l'ancre de salut*; c'est-elle qui a établi pour nous la véritable liberté; c'est-elle qui doit nous la garantir pour toujours. La modifier n'est qu'un prétexte; la détruire est le but positif et réel de ceux qui l'attaquent. Persuadons-nous donc de cette vérité: tenons-nous sans cesse sur nos gardes; et défions-nous sur-tout des discours fallacieux de ceux qui représentent les défenseurs des libertés publiques comme des *rebelles,* des *jacobins,* et qui traitent de *factieux* les pétitionnaires qui demandent à grands cris le maintien intégral de la Charte et de la Loi des élections.

Comme Éditeurs de cet Opuscule, notre sentiment en sa faveur pourrait être considéré comme une prévention peu propre à convaincre ses lecteurs de son importance et de son mérite: nous croyons cependant que le Public

impartial le jugera , ainsi que nous , digne peut-être de
son attention ; et que les réflexions qu'il fera naître sont
de nature à l'occuper quelques instants avec avantage ,
puisqu'elles ont toutes pour but l'indépendance et le
bonheur de la patrie.

V^{or} MANGIN PÈRE.

PRÉFACE.

Je me suis proposé un grand but dans ce petit ouvrage; c'est au lecteur à juger si le succès a répondu à mes efforts.

Je n'ignore pas que j'ai attaqué *certaine opinion* qui a malheureusement encore quelque influence sur la marche du gouvernement; mais en présence des plus grands intérêts devais-je me condamner au silence, ou trahir en partie la vérité? C'est une lâcheté que j'abandonne à d'autres personnages.

Citoyen d'un état libre, j'ai pensé qu'il était de mon devoir de défendre et de revendiquer les lois conservatrices des droits nationaux. Ma patrie m'a toujours été présente; le sentiment d'avoir pu contribuer à son bonheur, est et sera toujours mon unique et ma plus douce récompense.

Étranger à tout ce qui s'est passé depuis trente ans, je n'apporte ici ni haine ni partialité ; j'ai blâmé sans amertume ; j'ai loué de bonne foi tout ce qui m'a paru digne de louanges ; j'ai vanté, par dessus tout, les avantages inappréciables de la liberté (1); j'ai réclamé les droits de l'humanité sainte, naguères encore si indignement méconnus (2).

Si quelque vieux marquis de la monarchie féodale jette par hasard les yeux sur ce faible écrit, qu'il referme aussitôt le livre ; une telle lecture ne pourrait avoir rien d'agréable pour lui ; mais, s'il méprise un tel avis, je lui conseille alors, pour calmer sa colère, de porter ses hommages à la *Quotidienne* du jour.

Si quelque ancien partisan du gouvernement impérial s'indigne de

----

(1) Pourquoi la liberté est-elle si rare ? Parce qu'elle est le premier des biens.

(*Voltaire,* Questions sur l'Encyclopédie.)

(2) Si la liberté est le premier des biens, l'humanité n'est-elle pas la première des vertus.

ne rien trouver à la louange de Napoléon , je lui dirai pour toute réponse qu'un ami de la liberté ne peut que détester l'homme qui, durant tout le cours de sa vie politique, n'a travaillé qu'en faveur du despotisme (3).

Les Alexandre , les César, les Napoléon, malgré leur génie, leur valeur, leurs vertus même, ne sont, aux yeux de la saine philosophie, *que des brigands célèbres qui, comme des torrents dévastateurs*, dit Massillon, *n'ont traversé la terre que pour y laisser après eux les plus déplorables marques de leurs fureurs.*

---

(3) La politique des princes devait pencher en ma faveur ; parce que mon métier n'était plus d'ébranler les trônes, mais de les affermir ; *j'avais rendu de nouveau la royauté formidable*; en cela j'avais travaillé pour eux......... Qui aurait pu deviner que, séduits par la haine qu'ils avaient pour moi, ils abandonneraient le parti du trône, et remettraient eux-mêmes la révolution dans leurs états , pour en être tôt ou tard les victimes....... Mais trop de préventions obstruaient les yeux des souverains, pour qu'ils pussent voir le danger là où il était ; *ils crurent le voir là où était le secours.*

(*Manuscrit de Sainte-Hélène.*)

Ces paroles n'ont pas besoin de commentaire.

Le roi véritablement grand est celui qui, connaissant les devoirs sacrés que la divine providence lui impose, répand, non-seulement sur les peuples soumis à sa puissance, mais encore sur les nations étrangères, la liberté, la paix et l'abondance; car un bon roi, dit un auteur moderne, est un grand bien pour tous les hommes.

Discours Préliminaire.

Lᴇs hommes doués, dans l'état de nature, d'une raison supérieure à celle des animaux, sentent bientôt le besoin de vivre en société, tant pour opposer une plus vigoureuse défense aux attaques des bêtes féroces, dont, isolés les uns des autres, ils ne seraient que trop souvent la proie, que pour jouir d'un commerce réciproque de besoins, d'échanges, d'amitié et d'amour. (4).

Mais en se réunissant, les hommes n'ont garde de renoncer à leur indépendance ; et, comme il se trouve parmi eux des individus

---

(4) Jean-Jacques Rousseau, dans son fameux discours sur l'origine de l'inégalité qui existe parmi les hommes, avance que l'état naturel de l'homme est de vivre solitaire au milieu des déserts et des forêts. J'en demande bien pardon à ce grand écrivain ; mais je suis convaincu, au contraire, que l'état naturel de l'homme est de vivre en société, et que le plus grand malheur qui pourrait lui arriver, serait d'errer à l'aventure, exposé aux horreurs du besoin et à mille périls. L'âme généreuse de Jean-Jacques, révoltée des dégoûtants tableaux que lui présentait son siècle, effarouchée par les horreurs du despotisme nobiliaire et sacerdotal, a porté l'amour de la liberté jusqu'à l'excès du délire. S'il vivait de nos jours, à la vue des merveilles produites par les gouvernements représentatifs, il chérirait cette précieuse égalité civile, et il reconnaîtrait que tout ce qu'il a dit en faveur de l'état de nature n'était qu'un rêve. On peut dire du reste, de Jean-Jacques, qu'il est tombé dans l'erreur par un excès d'amour pour la vérité.

doués, ou d'une plus grande force physique, ou d'un esprit plus délié, qui pourraient se servir de ces avantages naturels pour opprimer leurs inférieurs en force ou en intelligence, ils jugent sage alors de faire disparaître, *par une égalité civile*, l'inégalité naturelle.

Les hommes font alors des lois, et chargent de leur exécution un seul ou plusieurs d'entre eux.

Puisque les hommes réunis en société font des lois dans le but de faire disparaître l'inégalité naturelle, et instituent un gouvernement pour les faire observer, il s'ensuit que ce gouvernement doit agir dans les intérêts des législateurs, ou, en d'autres mots, du peuple.

Il doit donc veiller sans cesse au maintien *de cette précieuse égalité civile*, premier besoin des hommes réunis en société. Ainsi, par exemple, lorsque de deux individus l'un possède une plus grande capacité d'esprit, et qu'il veut en profiter pour nuire à l'autre membre de la société, le gouvernement doit veiller aux intérêts de ce dernier, qui pourrait devenir dupe.

Ainsi, par exemple encore, lorsqu'un homme doué d'une plus grande force physique veut en abuser pour maltraiter ou sique veut en abuser pour maltraiter ou détruire un individu plus faible, le gouvernement doit arriver au secours de ce dernier, et punir son assassin.

La marche de ce gouvernement, à l'origine de la société, doit être simple et juste, parce qu'il est institué par des hommes qui n'ont que les notions de la justice naturelle; il doit reconnaître l'empire de la loi, puisque ceux qui l'ont institué ne reconnaissent qu'elle pour *souverain*.

Telle est la marche constante d'un gouvernement chez un peuple neuf; il est facile de s'en convaincre en jetant les yeux sur les peuples de l'Amérique septentrionale, sur ces hurons, ces iroquois qu'on ose appeller *sauvages*, et qui, à la honte des nations civilisées, connaissent beaucoup mieux qu'elles la dignité de l'homme et ses droits incontestables.

Cependant, par la nature même des choses, le nombre des hommes réunis en société augmente; les besoins croissent alors en raison de la population. Il faut donc perfectionner les moyens de subsistance, en inventer de nouveaux : dès ce moment, l'intérêt particulier commence à prendre, dans le cœur de chaque citoyen, la place de l'intérêt général; de là la corruption des mœurs premières, de là le peu d'attention à respecter et à faire respecter les lois conservatrices de cette précieuse égalité civile; chacun cherche à devenir riche , puissant ; chacun veut échapper au joug de la loi pour gouverner à sa place ; et , dans cette terrible lutte , l'égalité, instituée par la loi fondamentale , disparaît avec elle.

Le gouvernement se ressent alors de la corruption générale , et il ne reste pas en arrière ; il profite de cette fatale direction des esprits , pour servir d'ambitieux projets, auxquels il n'aurait jamais songé sous l'empire de la loi conservatrice de cette précieuse égalité civile.

Mais comment substituer à la loi, expression de la volonté générale , la volonté d'un petit nombre, et même d'un seul individu ; le voici :

Le gouvernement, qui n'ignore pas qu'il n'est rien par lui-même, et que le plus grand acte de folie qu'il pourrait commettre serait de vouloir lutter contre le peuple , s'y prend de longue main (5). Il commence par jeter en avant quelques maximes de servitude, qui, n'étant pas repoussées avec indignation , sont censées du goût du peuple , ou du moins reçues avec indifférence ; il

(5) Examinons la marche habituelle de tous les gouvernements qui tendent à la tyrannie ; et nous reconnaîtrons qu'ils ont trop d'adresse pour vouloir heurter de front les peuples qu'ils veulent asservir. Lorsqu'à l'exemple du tyran Octave, Bonaparte usurpa le pouvoir, il se garda bien d'effaroucher la nation française, en mettant au grand jour ses projets liberticides. Il commença par rétablir l'ordre, c'est-à-dire, *une douce servitude* ; on sait tout ce qui en arriva.

annonce ensuite la découverte de quelques prétendus complots tendant, à ce qu'il dit, à la ruine entière des lois constitutionnelles !

Tout en assurant le peuple qu'il n'a rien à craindre des malveillants, *dont sa vigilance a déjoué les criminels projets*, il réclame de lui un plus grand pouvoir pour le maintien de la liberté publique ; et il prend en même temps, quand bien même le peuple repousserait sa demande, tous les moyens de l'acquérir.

Il choisit parmi les membres de la société, et il a mille moyens de faire un pareil choix ; tous les individus connus pour un goût décidé à la paresse, et dans le cœur desquels l'amour de la patrie est éteint, et propres, sous tous les rapports, à devenir les plus fermes soutiens de sa tyrannie (6).

---

(6) Au commencement de 1804, Bonaparte, déjà consul à vie, méditait de s'élever à l'empire ; le pas lui semblait difficile et périlleux.... que fait-il ? Il essaie de l'enchaîner par la terreur ; il organise une grande conspiration.... et, au milieu de l'effroi qui causent ces scènes, le scélérat qui les préparait se fait déclarer empereur.

(*Censeur Européen*, tome 2, pages 85 et 86.)

Il appelle (Bonaparte) aux emplois publics tous les hommes qui, à une grande bassesse d'âme et à une insigne lâcheté, peuvent joindre quelques talents ; il fait disparaître peu-à-peu de la scène tous ceux auxquels il connaît du courage, des lumières et de la probité...... *il va fouiller dans le cœur humain, pour y soulever tout ce qu'il y a de plus vil* ; enfin, lorsqu'il s'est entouré de la lie de tous les partis, et qu'il a masqué en ducs, en chambellans, en sénateurs, les vieux marquis de la monarchie féodale et les républicains de Robespierre, il offre à cette troupe immonde les dépouilles de la France et de l'Europe, sans autre condition que de se prosterner à ses pieds et de l'adorer.

(*Censeur Européen*, tome premier, p. 42 et 43.)

Il leur donne de quoi flatter leur vanité, entretenir leur paresse, des biens et des honneurs : il en compose une *force* intéressée à le soutenir ; et cette *force*, il l'appelle *noblesse*.

Cette noblesse, formée tout exprès pour veiller à la sûreté du gouvernement, et soutenir son despotisme, doit nécessairement être armée.

Or, malgré l'immense avantage que doit avoir sur la multitude un corps exercé au maniement des armes, le gouvernement sent bien que, dans le cas d'un soulevement de la part du peuple qui voudrait secouer le joug , cet appui serait insuffisant. Il cherche donc une autre *force* qui , en lui soumettant l'esprit des gouvernés, comme sa noblesse lui soumet déjà les corps, le mette à l'abri de toute crainte ; il s'adresse alors *au corps sacerdotal* (7).

(8) L'homme , abandonné à son seul

---

(7) Parcourez le *Catéchisme à l'usage de toutes les églises de l'empire*, vous reconnaîtrez que, pour enchaîner la liberté et préparer la génération naissante , au culte infâme de l'obéissance passive, Bonaparte plaçait ses plus grandes espérances dans le clergé. Ses lois politiques et civiles étaient insuffisantes ; pour parvenir à réaliser ses projets , il fallait appeller au secours les lois religieuses : on peut dire, de Napoléon, qu'il fut le premier docteur en despotisme ; nul ne pourrait lui disputer cet honneur.

(8) Je crois nécessaire de prévenir que je parle ici d'une manière générale, et que tout ce qui va suivre ne peut s'appliquer en rien à la religion chrétienne, qui est, comme chacun sait , la seule véritable.

instinct, ne peut parvenir à la connaissance de l'être suprême. Les lumières de la raison lui démontrent son existence (9), et peuvent seules lui inspirer les senti-ments les plus profonds de reconnaissance et d'amour.

Mais l'homme, hors de l'état de société, est timide ; un rien l'agite, le fait trembler ; une tempête, l'éruption d'un volcan, un tremblement de terre, sont à ses yeux l'annonce d'une calamité personnelle.

Son ignorance ne lui permettant pas de remonter aux causes naturelles de ces phé-nomènes, il les croit alors l'ouvrage de quelques êtres supérieurs ; de là, sa croyance en de faux dieux (10) ; de là, les offrandes, les sacrifices, pour tâcher de se concilier leurs faveurs (11).

Cette croyance dans de faux dieux, l'homme, de l'état de nature, la porte dans

---

(9) Les causes finales, qui semblent sauter aux yeux, sont des preuves invincibles pour l'homme qui, dans l'état de société, se livre à l'examen des lois et des ouvrages de la nature. Le seraient-elles pour les farouches habitants de la Nouvelle-Zélande, ou de la Terre-de-Fer ?

(10) Les grecs adoraient la vengeance, les romains la peur ; les nègres, si l'on en croit nos voyageurs, adorent le diable.

(11) Les hommes ont, de tout temps, façonné leurs dieux sur eux-mêmes ; en leur prêtant leurs faiblesses, leurs vices même, ils les croient accessibles aux plaisirs de l'amour-propre, aux amorces de l'intérêt ; telle est l'espèce humaine, modelant tout sur elle-même, se croyant la fin de tout. Mortels, que vous êtes petits !

l'état de société. Tous les membres de l'association se communiquent à ce sujet leurs différentes opinions; de tout cela se forme, pour la société entière, le *dogme*, et par suite le *culte religieux*.

Nous avons dit ci-dessus que la société a des besoins continuels, et qui ne peuvent être satisfaits que par le travail de tous ses membres; l'observation de ce culte doit donc être déléguée par elle *à certains individus* (12); et comme ces derniers emploient leur temps pour la société, il est juste qu'elle les entretienne à ses frais.

La réunion de ces individus, je l'appelle *corps sacerdotal*.

Comme toutes les institutions nouvellement établies, le *corps sacerdotal* remplit d'abord le but que la société voulait atteindre en l'instituant, il ne sort pas des limites qui lui sont tracées. Mais, au fur et à mesure que le corps social se corrompt, il se corrompt lui-même (13). Plus près, s'il m'est permis de parler ainsi, plus près que le peuple de ces dieux dont il est chargé de

---

(12) L'Egypte eut ses magiciens; Babylone, ses caldéens; la Perse, ses mages; les Gaulois nos ancêtres, leurs sanguinaires druides.

(13) A Rome, avec la perte des mœurs, on vit tomber ce respect pour une religion, fausse, il est vrai, mais qui avait été cependant l'un des plus puissants ressorts de la grandeur romaine.

desservir les autels, il ne tarde pas à concevoir le hardi projet de faire servir ces objets d'un faux culte (14) à ses intérêts et à son ambition.

Dans ces dispositions d'esprit du *sacerdoce*, si favorables aux intentions du gouvernement, arrive celui-ci, qui lui dit : « Prêche aux peuples l'obéissance passive ! enseigne-lui que je suis tout, et que se révolter contre mes ordres, c'est désobéir aux dieux mêmes. Pour récompenser ton zèle à me servir, je te comblerai de biens et d'honneurs. »

Le *corps sacerdotal* accepte avec transport les propositions du gouvernement (15); c'est alors que la servitude est à son comble : forcés, par la puissance armée de la noblesse et par la terreur religieuse inspirée par le *corps sacerdotal*, de respecter comme des lois, et comme des lois sacrées, les bizarres et sanglants caprices de la tyrannie, les

---

(14) Est-il nécessaire d'avertir encore, que ceci ne peut s'appliquer en rien à la religion sous laquelle nous avons le bonheur de vivre ? Le Dieu des chrétiens, tel que nous l'enseigne l'Evangile, étant le Dieu de paix, d'humanité, de liberté, est le seul véritable, et ne peut inspirer que l'amour et la reconnaissance.

(15) Lorsque Bonaparte parvint au pouvoir suprême, on vit une chose remarquable : les mêmes ministres qui n'avaient pas voulu reconnaître la constitution décrétée par l'assemblée nationale, s'empressèrent, par leur serment qui prescrivait la délation comme un devoir, de jurer fidélité à la république, au premier consul, à l'empire.

hommes ne sont plus, dans les mains du gouvernement, que les instruments de son avarice et de son ambition, qu'il peut briser à sa volonté (16).

Se trouve-t-il, parmi les membres de la société, un homme d'une ame élevée au-dessus des préjugés vulgaires, qui lit clairement dans les desseins du gouvernement, et veut ramener alors ses concitoyens à la liberté, c'est un impie, un philosophe, un rebelle; le gouvernement le fait saisir et opprimer par sa noblesse, et condamner au supplice éternel par le *corps sacerdotal*.

Ce cruel état de choses dure aussi long-temps que le peuple est corrompu, lâche, ignorant, superstitieux; le despotisme acquiert même, en vieillissant, une plus grande énergie (17). Mais, enfin, il faut l'avouer, pour le bonheur de la terre, ce

---

(16) En France, la servitude n'était-elle pas à son comble, lorsque Bonaparte, ayant à ses ordres et les bayonnettes et les chaires évangéliques, se jouait, dans ses décrets et ses sénatus-consultes, de la vie et de la fortune des Français?

(17) Rome, soumise aux empereurs, vit, au commencement de chaque nouveau règne, la tyrannie devenir plus oppressive. Arruntius, dit le grand historien Tacite, supplié de ne pas se donner la mort, répondit qu'il voulait échapper aux maux effroyables qu'il prévoyait; car, ajouta-t-il, j'entrevois, sous Caligula, une servitude encore plus dure. Cependant, ce généreux citoyen avait traversé le règne sanglant de Tibère.

dernier degré de tyrannie est salutaire à la cause sainte de la liberté (18).

Le peuple sort de son abrutissement. Il sent qu'il n'est pas fait pour être la propriété de quelques-uns de ses membres. Il commence par jeter les yeux sur lui-même; et, comparant sa force à celle des hommes qui le retiennent dans l'esclavage, il s'indigne de rester depuis si long-temps dans leurs fers.

La noblesse, de son côté, énervée par un long abus de pouvoir et de voluptés, n'est plus qu'un corps sans nulle vigueur (19).

Le *corps sacerdotal*, plongé dans les richesses corruptrices, commence à devenir un sujet de haine et de scandale, pour ceux-là mêmes qui révéraient jadis en lui l'interprète de la divinité.

Le peuple alors rentre dans lui-même; il s'interroge, il se demande comment il se peut qu'il existe, dans son propre sein, deux corporations ennemies de sa liberté et riches de ses dépouilles.

---

(18) La tyrannie conduit toujours à la liberté, lorsque des causes opposées ne viennent pas mettre obstacle à son triomphe. C'est ainsi que la Suisse s'est soustraite aux prétentions de plus en plus dominatrices de la maison d'Autriche; la Hollande, au despotisme toujours croissant des rois espagnols; et les États-Unis de l'Amérique, au système d'oppression conçu et exécuté en partie par le gouvernement anglais.

(19) Qu'on daigne jeter les yeux sur les marquis et vicomtes de l'époque actuelle, et l'on ne pourra s'empêcher de rire des craintes conçues par certaines gens, de se voir subjugué de nouveau par la caste nobiliaire.

Cette disposition d'esprit des gouvernés les porte bientôt à examiner quelle est la nature de leurs droits ; de cet examen à la destruction de la tyrannie, il n'y a qu'un pas, et ce pas est bientôt franchi.

Lorsque je dis que de l'examen de ses droits le peuple passe vîte aux moyens de les reconquérir, j'avance une vérité confirmée par l'histoire de tous les peuples.

En France, par exemple, long-temps avant l'époque de 1789, sous le gouvernement du régent (pour ne pas remonter plus haut), la nation avait été scandalisée de ses profusions, du libertinage effréné de ses maîtresses et de ses favoris. La fin du règne de Louis XV n'avait pas peu contribué à la propagation des idées de liberté.

A l'avénement de l'infortuné Louis XVI au trône, la marche de l'esprit humain ne pouvait plus être arrêtée. Les guerres et les révolutions d'Amérique lui donnèrent l'essor. Les idées libérales, renversant toutes les digues que voulaient leur opposer l'intérêt et l'amour propre, se répandirent avec la rapidité de l'éclair, sur toute la surface de la France. De toutes parts on réclamait, avec la plus grande force, les droits nationaux trop long - temps oubliés : liberté civile et religieuse, liberté de la presse, jugements par jurés, enfin un gouvernement constitutionnel, étaient le vœu unanime de la nation.

Maintenant que j'ai donné les véritables causes de la destruction des lois conservatrices de la liberté, et celles qui la font reparaître, et que, par un exemple pris dans notre histoire, j'ai prouvé ce que je venais d'avancer, je passe à la discussion des objets qui doivent former la partie essentielle de cette brochure.

Mais, avant d'entrer en matière, je crois nécessaire de fixer, d'une manière précise, le sens de certaines expressions dont je vais faire un fréquent usage. L'écrivain politique, même sous le règne des meilleures lois, doit se garder de laisser échapper une seule phrase que la sottise ou la mauvaise foi pourrait envisager sous un jour défavorable.

Il est vrai que la *libérale* loi sur les cris et écrits séditieux, que la France devait à la *chambre si éminemment patriotique de* 1815, et dont elle est sans doute aujourd'hui on ne peut plus reconnaissante, est abolie. On ne verra donc plus l'écrivain politique prouver inutilement, par tout ce qui suit et par tout ce qui précède une malheureuse phrase, qu'il a voulu dire le contraire même de ce dont on l'accuse, protester de son respect pour la majesté royale, et néanmoins forcé d'entendre, sur une sellette destinée, dans le principe, aux fripons et aux prostituées, et l'éloquence victorieuse des agents du ministère public, et son jugement

3

de condamnation. Mais, il faut l'avouer, comme, d'après la nouvelle loi sur la liberté de la presse, le jury est appelé à connaître des délits que l'abus de cette liberté peut produire, l'écrivain n'a guères moins à craindre des cours d'assises que des tribunaux correctionnels : car qui ne sait que cette grande et salutaire institution, sous les lois impériales encore existantes, peut être un des plus puissants appuis du despotisme ministériel ?

J'entends donc par le mot *royauté*, le gouvernement héréditaire d'un seul dans un état libre (20).

J'entends par ces mots, *révolution française*, l'accord unanime de la nation, en 1789, pour se donner un gouvernement représentatif, et sa persévérance à vouloir jouir de tous les droits politiques attachés à l'existence d'une pareille institution (21).

Enfin, lorsque je crois devoir critiquer quelques actes du pouvoir exécutif, je n'entends m'adresser qu'au ministère, qui est responsable, dans toute la force du

---

(20) Il suit de cette définition de la royauté, que tout autre pouvoir qui n'est pas fondé sur les intérêts nationaux ne peut être qualifié de ce nom sacré : ce n'est pas *royauté*, c'est *tyrannie*. C'est sans doute ce juste sentiment de la royauté qui a fait dire à un ministre que la France estimait jadis : L'usurpateur gouverne, mais ne règne pas.

(21) Il suit de cette définition de la révolution française, que je suis loin d'envelopper avec elle les excès et les horreurs qui l'ont accompagnée.

terme, d'après la Charte constitutionnelle ; comme, d'après cette loi fondamentale et la saine raison politique, la royauté ne peut jamais faire mal, je déclare d'avance que je professe pour elle le plus profond respect ; la royauté est pour moi ce qu'était l'arche sainte pour les hébreux.

APERÇU

DE LA RÉVOLUTION FRANÇAISE

ET

DES VÉRITABLES INTÉRÊTS DE LA ROYAUTÉ

DANS L'ÉTAT ACTUEL DES CHOSES.

CHAPITRE IER

LA RÉVOLUTION FRANÇAISE FUT LÉGITIME.

Sɪ la France, pour son bonheur, ressemblait à l'Angleterre par ses habitudes constitution-nelles ; si la loi fondamentale qui nous régit remontait à une époque aussi ancienne que les chartes qui gouvernent le peuple breton, il serait ridicule de vouloir soutenir ici, par le raisonnement, un principe devenu trivial par son extrême justesse, celui qui proclame que les gouvernements sont faits pour les peuples, et non les peuples pour les gouvernements (22).

---

(22) Toute puissance vient de Dieu, et tout ce qui vient de Dieu *n'est établi que pour l'utilité des hommes*..........
Et loin que les peuples soient faits pour eux (les rois), ils ne sont eux-mêmes tout ce qu'ils sont que pour les peuples.
(*Massillon.*)

Mais la France n'a pas conquis, par trois siècles de combats et d'expérience, sa liberté constitutionnelle ; je crois donc qu'il est nécessaire de répéter jusqu'à satiété ce grand axiôme politique, contre lequel viendront se briser désormais tous les efforts du despotisme.

En morale, comme en droit public, une chose est légitime quand elle se trouve conforme à la loi naturelle, ou aux lois positives créées dans les intérêts de la société.

Depuis la révolution du 20 mars, on a beaucoup abusé des mots *légitime* et *légitimité* ; on en a fait découler des principes subversifs des droits publics si chers aux Français. Quelques écrivains, trompettes d'un parti intéressé à propager ces fausses idées de légitimité (23), les ont développées dans leurs écrits jusqu'à l'excès du ridicule. Eh ! n'a-t-on pas vu un membre de la *chambre introuvable* (24) proclamer sans rougir,

---

(23) La faction, dont nous allons bientôt signaler les actes, doit chercher à répandre les principes de cette fausse légitimité, puisque la suite nécessaire de cette doctrine est l'établissement du pouvoir absolu et du régime féodal, deux choses en horreur à la France actuelle. Admirons la délicatesse de ces nobles champions de l'ancien régime ! Ils reconnaîtraient volontiers un *seigneur roi*, un *seigneur maître* ; ils admettraient l'infâme brocard, *qui veut le roi si veut la loi*, pourvu que ce *seigneur roi*, ce *seigneur maître* leur permît d'opprimer les peuples en s'enrichissant de leurs dépouilles, et se contentât lui-même, comme autrefois, d'un vain hommage et d'une ombre d'autorité.

(24) *La chambre introuvable* ne fut qu'une prétendue chambre de la nation, formée on sait sous quels auspices, composée, en majorité, de vicomtes et de marquis, tous ennemis de la liberté, tous soupirant après des biens que nulle puissance au monde ne pourrait leur rendre ; elle ne représentait que la caste nobiliaire. On peut dire, sans crainte d'être démenti, que la chambre de 1815 fut une chambre ennemie du peuple français.

du haut de la tribune nationale, ce principe absurde, conséquence de ses sentiments sur la légitimité : *Vive le Roi ! quand même........!*

Je viens de dire qu'une chose est légitime en morale comme en droit public, quand elle se trouve conforme à la loi naturelle, ou aux lois positives créées dans les intérêts de la société.

Cette définition du mot légitime, appliquée à la royauté, n'est nullement fausse, comme certaines personnes feignent encore de le penser.

La royauté légitime, d'après la loi naturelle comme d'après la loi positive, est celle qui est fondée sur les intérêts de tous. La loi naturelle ne recommande point à l'homme l'obéissance passive. Tout, dans son être, découvre sa noble origine, tout lui fait sentir qu'il est né pour la liberté. La loi positive ne diffère pas en cela de la loi naturelle ; et cet axiôme, connu de tous les peuples qui ont joui ou jouissent d'un gouvernement fondé sur la raison, *salus populi suprema lex* (25), est une des preuves invincibles de cette vérité.

Le gouvernement impérial *fut un gouvernement usurpateur*, parce qu'il détruisît tous les droits nationaux, parce qu'il régna par l'oppression, en se plaçant au-dessus des lois (26).

---

(25) Puisque le salut du peuple est la loi suprême, une nation ne fait donc qu'user du plus juste de ses droits, en modifiant son gouvernement d'une manière plus conforme a son bonheur.

(26) En attaquant le système de despotisme, constamment suivi par le gouvernement impérial, il n'entre pas dans ma pensée d'insulter *lâchement* un pouvoir abattu. Faire détester

Le gouvernement actuel est un gouvernement légitime, parce qu'il a rappelé la liberté, parce qu'il règne par les lois, parce qu'il a donné de fortes et de nouvelles garanties à la nation (27).

---

sa tyrannie, et prouver au ministère actuel qu'il ne peut, sans péril pour le trône, marcher sur les mêmes traces ; voilà le but que je me propose, et que j'ose croire digne d'un bon citoyen ; ami de la liberté, je déteste la tyrannie de Napoléon ; Français, je ne puis m'empêcher d'admirer ses talents administratifs, et, je le dis en rougissant, l'éclat même de ses victoires trop souvent injustes ; homme, je ne puis refuser des larmes à ses malheurs.

(27) On sent que tout ceci ne peut s'appliquer qu'à notre roi. C'est à lui seul que le peuple français est redevable de la charte constitutionnelle, de l'ordonnance du 5 septembre, de la loi *nationale* et *royale* des élections ; bienfaits qui nous imposent une éternelle reconnaissance.

Je crois nécessaire de prévenir le lecteur, que par la définition du mot légitimité, et par les développements qui en sont les conséquences, je ne prétends pas attaquer le grand et salutaire principe de l'hérédité du trône constitutionnel. Je crois devoir ajouter encore que, relativement à la dynastie régnante, je suis loin de considérer comme un titre nul huit siècles de possession. Le trône des Bourbons, fondé sur la charte, c'est-à-dire sur les intérêts nationaux, reçoit encore d'un si long règne un nouveau lustre, et, s'il peut m'être permis de parler ainsi, une nouvelle sanction. Ce que je devais dire, ce que je voulais dire, c'est qu'un gouvernement *spécial*, c'est-à-dire tyrannique, ne peut invoquer le principe de la légitimité et celui d'une antique succession. Établi par la force, il peut être détruit par elle. Bajazet attaque l'Asie et parvient à s'en rendre maître. Un conquérant, plus habile ou plus heureux, veut à son tour l'asservir, et Tamerlan triomphe ; le tyran turc pouvait-il appeler le tyran tartare *usurpateur* ?

Depuis long-temps, les suisses obéissaient à la maison d'Autriche ; cette puissance, loin de respecter leurs libertés, leurs lois et leurs usages, veut détruire les unes et réformer les autres. Les généreux habitants de l'Helvétie se lèvent alors, et affermissent leur indépendance par les armes. La maison d'Autriche, pour recouvrer ces provinces, pouvait-elle faire valoir le principe de l'antique possession ?

C'est dans ce sens qu'on peut soutenir avec raison qu'un pouvoir est *légitime* ; mais, prétendre, avec quelques personnages, que le *seul gouvernement légitime* est celui qui peut dire comme l'éternel : *ego sum qui sum* ; je suis légitime, parce que j'existe, parce que j'existais il y a un siècle, dix siècles ; c'est montrer la plus rare impudeur, ou prouver une crasse ignorance. L'écrivain qui propage une telle doctrine, le citoyen qui y croit, le magistrat qui en fait la base de tous ses actes, ne méritent pas le nom d'hommes, et doivent être en exécration, puisqu'ils ne tendent, les uns les autres, qu'à faire triompher le culte infâme de l'obéissance passive, en assimilant les hommes à des bêtes brutes, dont on peut disposer à sa volonté.

Pour revenir à l'objet du chapitre, il m'est facile d'établir, d'une manière incontestable, la légitimité de la révolution française.

En effet, s'il est vrai de dire que les gouvernements sont faits pour les peuples, et non les peuples pour les gouvernements, il l'est également de proclamer que le peuple français pouvait modifier, selon ses besoins, le pouvoir qu'il avait établi.

Or, la maxime que les peuples sont faits pour les gouvernements est tellement absurde, tellement destructive de toute félicité publique (28), que l'on peut hardiment prononcer qu'elle ne trouverait pas aujourd'hui

____

(28) Quelle affreuse providence, a dit Massillon, si toute la multitude des hommes n'était placée sur la terre, que pour

même un seul défenseur (29), malgré le grand nombre d'hommes doués de quelques talents, qui conservent encore un certain goût pour la bassesse et la servitude.

Donc on peut dire avec toute raison que la révolution française fut légitime.

CHAPITRE II.

LA RÉVOLUTION FRANÇAISE EST JUSTIFIÉE PAR LA CHARTE CONSTITUTIONNELLE.

JE viens de prouver la légitimité de la révolution française ; je pouvais m'arrêter là. Que dis-je ? cette noble époque de notre histoire n'avait besoin, pour se justifier, que de dire à ses détracteurs : voyez les biens infinis que j'ai procurés à la saine politique, aux lois, aux sciences, à l'industrie. Mais je crois, *dans les circonstances actuelles* ,

servir aux plaisirs d'un petit nombre d'heureux qui l'habitent! Philosophes de toutes les nations, s'écrie l'immortel auteur de l'Histoire Philosophique , c'est à vous d'instruire vos frères ; apprenez - leur que la liberté vient de Dieu , et l'autorité des hommes.

(29) Au commencement de notre glorieuse révolution , lorsque les esprits n'étaient pas encore dégagés de tous les préjugés qui n'existent plus , M. de Cazalès , l'un des plus éloquents orateurs du côté droit de l'Assemblée nationale , s'exprimait en ces termes : « *L'hérédité du trône a été fondée par le peuple français ; je* ne pense pas que le roi tienne sa couronne de Dieu et de son épée ; *je n'admets pas ces contes ridicules :* il la tient du vœu du peuple. »

Si cet ardent défenseur de la faction aristocratique faisait alors une telle déclaration par pudeur ou conviction , je demande s'il est possible de croire qu'un orateur ultrà ou ministériel consentît à faire aujourd'hui l'apologie des maximes contraires.

(27)

ne devoir omettre aucun des moyens propres
à faire triompher les maximes , principal objet
et seul mérite de cet écrit ; je vais donc ajouter
aux preuves invincibles que je viens de donner ,
des preuves nouvelles tirées de l'acte le plus
glorieux d'un roi législateur.

J'ai fait connaître les droits que la révolution
fit recouvrer, en 1789, au peuple français. Si
nous examinons maintenant ceux qu'il possède
sous l'empire de la charte , nous reconnaîtrons
que les droits qui nous sont garantis par cette
loi fondamentale, et ceux reconquis en 1789,
sont identiquement les mêmes.

Donc, il est encore juste de dire que la
charte constitutionnelle a justifié la révolution.

Cette grande vérité nous conduit à la découverte d'une autre non moins importante.

Puisque la révolution est justifiée par la
charte, *et que cette loi de nos lois* (pour me
servir des expressions d'un illustre pair (30), est
l'ouvrage de la royauté détruite en 1793, pour
parvenir à un but tout-à-fait opposé à celui
de la révolution, il s'ensuit que les hommes de
la *faction* qui s'emportent contre elle, qui la
déchirent et voudraient en effacer jusqu'au
dernier vestige *sous couleur du royalisme le plus
pur*, prouvent au contraire, par là, qu'ils sont
les plus dangereux ennemis de la royauté.

---

(30) **M.** le comte *Lanjuinais*, grand citoyen, l'un des
hommes qui font le plus d'honneur à la France. C'est lui qui,
dans la convention nationale, lors du malheureux procès de
Louis XVI, bravant les périls auxquels il s'exposait, s'écria,
en s'adressant au parti de Robespierre : *on paraît délibérer
ici dans une convention libre , mais nous votons sous le
poignard des factieux.*

On conçoit, il est vrai, que des hommes qui n'ont jamais trempé dans les excès dont on accuse injustement la révolution, révoltés de ces excès dont ils furent ou les témoins ou les victimes, puissent envelopper dans leur haine la révolution tout entière. On peut leur pardonner de tels sentiments en ayant égard à leurs malheurs ou à la faiblesse de leur esprit.

Mais lorsqu'une faction qui, par son ambition et son stupide orgueil, *fut et la cause première et le principal auteur de ces attentats*, vient impudemment vous dire qu'elle a en horreur les excès de la révolution, et qu'elle ne peut encore s'empêcher de blâmer la royauté d'accorder à la nation *ses prétendus droits......* qui ne peut en être indigné?

Si, comme elle s'en vante avec tant d'emphase, cette faction aimait la royauté pour elle-même, ne devrait-elle pas se dire : « En attaquant la révolution, comme je ne cesse de le faire, j'injurie cette royauté qui l'a justifiée par la Charte. De pareilles attaques ne peuvent que lui faire perdre le bien le plus précieux pour elle, l'estime et l'affection d'un grand peuple ?

» Quoi ! par amour pour la royauté, je veux qu'elle trahisse ses serments, qu'elle présente à l'Europe entière le scandaleux spectacle d'un gouvernement travaillant en secret à détruire les lois constitutionnelles qu'il a déjà tant de fois juré de maintenir ; et, cependant, je n'ignore pas que de telles tentatives pourraient compromettre son existence !

(29)

» Je sais, et par moi-même , qu'en général
l'homme est peu disposé à faire le sacrifice
de sa puissance , et que l'impérieuse nécessité (31) peut seule l'engager à s'honorer
d'une telle générosité. Et puisque la royauté
veut se dépouiller du pouvoir absolu , ne
dois-je pas être persuadé que ce pouvoir ne
pourrait aujourd'hui que lui être à charge?
Quels fruits a-t-elle retirés, en 1815, d'avoir
suivi mes conseils en 1814 ? Le peuple
français, alarmé sur le maintien de ses droits
les plus chers, préféra de retomber sous la
puissance du vieux tyran qui l'avait si long-
temps opprimé , et qui lui promettait alors
la liberté.

» Si donc je chéris la royauté pour elle-même,
je ne peux lui donner une plus forte preuve
de mon amour, qu'en entrant franchement,
et comme elle, dans la voie constitutionnelle;
et je dois sur-tout cesser d'aborder des souvenirs que je suis plus intéressée que tout autre
à ensevelir dans un éternel oubli (32). »

----

(31) Ceci ne veut pas dire que nous ne devons la Charte
qu'à la nécessité d'en donner ou d'en recevoir une. Cette
nécessité existait, il est vrai ; mais, pour accorder un tel
bienfait à la nation, notre roi constitutionnel, dans toute
autre hypothèse, n'aurait consulté que sa sagesse et son cœur.

(32) Un exemple frappant vient à l'appui de cette vérité.
Lorsque, dernièrement encore, un ex-ministre a cru devoir
monter à la tribune, pour demander l'exclusion inconstitutionnelle d'un vieillard respecté de la nation pour ses lumières
et ses hautes vertus, il ne s'attendait pas à voir exhumer
de la poussière les actes du *tribunal révolutionnaire* de
Cadillac. L'ex-ministre a répondu, il est vrai ; mais que
la défense nous paraît chancellante !

En faisant un tel retour sur elle-même, la faction prouverait la sincérité de son attachement. Mais elle n'a jamais tenu, elle ne tiendra jamais un tel langage. La suite de cet ouvrage prouvera que, depuis 1814, elle est toujours aussi orgueilleuse, aussi imprudente : la patrie ne peut que gémir sur les continuelles erreurs de quelques indignes enfants.

CHAPITRE III.

LA RÉVOLUTION FRANÇAISE EST INNOCENTE DE TOUS LES CRIMES QUI SONT AUJOURD'HUI, POUR CERTAINS HOMMES, LE CONTINUEL SUJET D'UNE INJUSTE ACCUSATION.

J'AI défini, ci-dessus, la révolution française : l'accord unanime de la nation, en 1789, pour se donner un gouvernement représentatif, et sa persévérance à vouloir jouir de tous les droits politiques attachés à l'existence d'une pareille institution.

Il suit de là que cette révolution est l'ouvrage de l'immense majorité des français. Les hommes qui l'accusent alors de tous les excès qui l'ont accompagnée, inculpent en d'autres termes la nation dont cette révolution est l'ouvrage.

Or, est-il rien de plus absurde que de soutenir qu'un peuple qui, de l'aveu même de ses ennemis, s'est rendu célèbre dans tous les temps, par sa générosité, sa loyauté et toutes les autres vertus sociales, ait pu commettre les horreurs qui ont malheureusement suivi le triomphe de la liberté !

Une telle accusation tombe donc d'elle-même et par l'excès du ridicule ; il était réservé à une faction, honte éternelle de la patrie, de donner un tel scandale à l'Europe entière, de lui présenter le peuple français coupable de ces déplorables excès, lui qui, à toutes les époques de cette révolution, en fut constamment la victime.

Mais l'Europe a déjà fait justice de ces vils accusateurs (33).

Cependant, pourra-t-on me demander, en convenant avec vous de la réalité de vos assertions, nous voudrions connaître les auteurs de ces attentats ; tout doit vous engager à nous satisfaire, le juste désir de venger une nation calomniée, la manifestation de la vérité, les intérêts de la patrie.

Pour répondre, d'une manière victorieuse, à une pareille question, je sais qu'il faut traiter une matière qui touche de fort près certains individus qui ont malheureusement encore quelque puissance ; je connais toute la difficulté de l'entreprise. Je sais aussi que bien des honnêtes gens, loin de montrer un tel désir, loueraient volontiers mon silence à ce sujet, et qu'ils me tiendraient compte du sacrifice de la vérité même aux intérêts plus impérieux de la tranquillité publique, dans la crainte de voir augmenter encore l'animosité de la faction.

---

(33) Si l'on me contestait la vérité de cette assertion, il me serait facile d'en donner des preuves convaincantes, en citant les écrits et les journaux libres de tous les pays, véritables organes de la grande opinion européenne.

Mais, outre que je suis intimement convaincu qu'une telle discussion ne peut compromettre en rien la tranquillité publique,
la marche toujours constante, suivie par la
faction, son acharnement à vouloir détruire
ce qui fait la gloire ou la consolation d'un
grand peuple, toutes ces considérations réunïes
m'imposent l'obligation de rompre le silence
et de proclamer la vérité (34).

CHAPITRE IV.

LA FACTION EST LA CAUSE PREMIÈRE DE TOUS CES CRIMES.

C'EST un spectacle singulier et digne de fixer
l'attention de l'homme observateur, que la
conduite présente des membres de la *faction*
que nous allons signaler : sachant combien, à
certaines époques, leur conduite fut criminelle,
ils veulent donner le change à l'opinion, en
détournant jusqu'aux plus justes reproches
qu'on pourrait leur adresser ; ils veulent enfin,
pour ne pas jouer le rôle *toujours fâcheux*
d'accusé, jouer celui d'accusateur (35).

(34) Taire la vérité dans un gouvernement où règne une
effroyable tyrannie, c'est agir avec sagesse, puisque, dans
l'hypothèse contraire, c'est s'exposer à périr, sans avoir
même le consolant espoir d'être utile aux peuples asservis :
mais taire la vérité dans un état libre, où tous les citoyens,
égaux devant la loi, n'attendent que d'elle seule le châtiment ou la protection, c'est vouloir attacher à son front
l'ineffaçable marque d'une honteuse flétrissure, c'est prouver
que l'on est digne d'être esclave.

(35) On sait que les hommes *monarchiques* se sont
proclamés les purs, les fidèles, les honnêtes gens par excellence. Si ces messieurs sont sincères dans tout ce qu'il leur

Mais ce grossier artifice ne peut en imposer à aucun homme de bon sens. La faction a beau préconiser son innocence, tout le monde croit à sa culpabilité. Cette faction, il est temps de le dire, est la cause première de tous nos malheurs ; c'est à elle seule que le peuple français doit s'en prendre, de la destruction de la royauté, des assassinats juridiques, des massacres, des noyades ; en un mot, du despotisme sanglant de l'infernal avocat d'Arras, de la tyrannie de Napoléon et de ses guerres désastreuses (36).

En effet, si *cette faction*, que le malheur, ce grand maître, et les désastres de la patrie n'ont point éclairée, et n'ont pu ramener encore à

---

plaît d'écrire ou de dire à ce sujet, on ne peut assez admirer leur profond aveuglement ; si, au contraire, ils n'en croient pas un mot, on ne peut encore admirer assez la haute idée qu'ils se forment du discernement d'une nation aussi éclairée.

(36) Ces mêmes hommes qui, sous le vertueux Louis XVI, perdirent la patrie par leur égoïsme et leur stupide orgueil, ont occasionné de nouveau sa ruine sous le gouvernement impérial, par leur basse servilité, leur lâche condescendance à tous les caprices d'un homme dont ils peuplaient les antichambres. L'expérience n'a-t-elle pas prouvé, du reste, que ces mêmes individus, qui se sentent aujourd'hui un si grand fond d'amour pour la *royauté légitime*, ont adressé plus d'une phrase adulatrice au *pouvoir usurpateur* ? Je vais citer un seul exemple entre mille. N'a-t-on pas vu le chef du côté droit de notre première assemblée nationale, ce chaud partisan des privilèges de la noblesse et du clergé, devenir l'esclave titré de Napoléon ? Que doit-on conclure de tout ceci ? que l'attachement que les hommes de la faction affectent aujourd'hui pour la royauté est aussi sincère que par le passé. Ce n'était et ce n'est encore qu'un masque constamment pris, pour justifier les projets désastreux, mais qu'ils sont intéressés à réaliser.

des sentimens plus généreux, eût fait son devoir en 1789, nous n'aurions pas à déplorer aujourd'hui le 21 janvier et le désastre de Moscow.

Le peuple français attendait alors, de sa générosité , ce qu'il avait le droit d'exiger sans pouvoir être taxé d'injustice, le sacrifice de ces privilèges concédés, dans les temps d'ignorance , par des rois qui n'en avaient que le nom, ou usurpés par ces hommes nobles, qui considéraient comme le *nec plus ultrà* de la gloire, de commander à des serfs, et de se jouer, dans la personne de chacun d'eux, de la nature humaine tout entière (37).

Mais si les hommes de la faction , aulieu de faire entendre au peuple qu'ils voulaient jouir exclusivement des avantages de la société, et que sur lui seul devait, à juste titre, en retomber toutes les charges; si ces hommes, dis-je, s'étaient présentés devant l'assemblée des représentants de la nation, et s'ils avaient parlé

---

(37) Parcourons, si nous en avons le courage, l'effroyable histoire des peuples du moyen âge, nous verrons à chaque page les tableaux les plus révoltants : ce sont des conspirations contre des nations entières, des trahisons, des viols, des assassinats , des empoisonnements , et tous les autres crimes inséparables du régime féodal, de ce régime (ô liberté ! ô patrie ! le dirai-je?) célébré, avec une rare impudeur, par d'indignes français du dix-neuvième siècle. Dans notre propre histoire , depuis Pharamond jusqu'à Louis XIV, que de conquérants sanguinaires , que de rois tyrans, que de princes fanatiques ou imbécilles ! Au milieu de cette tourbe impure, deux seuls brillent d'une gloire immortelle , le vertueux Louis XII et le grand Henri : semblables au soleil , ce doux présent du dieu de la nature , qui , dans les contrées sauvages couvertes d'une nuit presque éternelle, apparaît quelquefois à ses tristes habitants , ces grands rois ont été donnés aux hommes pour éclairer et consoler un moment la terre.

en ces termes (38) : « Nos chers concitoyens , nous venons obéir aujourd'hui au vœu de la nation, qui réclame de nous l'abandon de ces privilèges odieux. Nous faisons ce sacrifice avec joie, et nous sommes les premiers à nous féliciter du retour de la liberté. Que désormais la haine fasse place à la douce amitié dans le cœur des enfants d'une même famille. Plus de distinctions que celle des talents et de la vertu ; au lieu de nourrir des ressentiments insensés qui ne pourraient qu'entraîner la patrie dans l'abîme, réunissons tous nos efforts pour donner à la France des institutions dignes d'elle , dignes du monarque qu'elle chérit » , il est hors de doute que nous n'aurions pas à déplorer aujourd'hui des excès qui font frémir la nature : libre , puissante, heureuse , la France , sous le gouvernement paternel de Louis XVI (39), serait parvenue au comble de la prospérité..

---

(38) Il est doux *à un roturier* d'avouer que beaucoup de membres de l'ancienne noblesse ont mérité l'éternelle reconnaissance de la nation française par leur désintéressement et leur amour pour la patrie : la conquête de la liberté leur appartient presqu'en entier. Les noms immortels des Lafayette, des Mirabeau , des Clermont-Tonnerre , des Praslin , des Lameth , des Noailles , des Montmorency , des Larochefoucault , resteront à jamais gravés dans la mémoire des hommes.

(39) L'histoire dira que Louis XVI avait toutes les vertus d'un bon roi, l'amour des peuples, le mépris du faste, la douceur, l'humanité. Heureux s'il n'eût pas montré trop de faiblesse pour les courtisans qui l'ont perdu !

> Détestables flatteurs, présent le plus funeste
> Que puisse faire aux rois la colère céleste.

Mais cette faiblesse même n'était-elle pas la suite de la bonté de son cœur ; et, pour excuser sa confiance en de perfides courtisans, ne suffit-il pas de s'écrier avec le grand poëte :

> Hélas ! ils ont des rois égaré le plus sage.

Mais, bien loin de tenir une conduite aussi noble, aussi patriotique, la faction n'a jamais voulu se dépouiller du moindre de ses priviléges que, dans son orgueil, elle appelait et appelle encore *ses droits sacrés*.

En vain lui représentait-on qu'elle pouvait entraîner la patrie dans l'abîme. Elle ne tenait aucun compte de cette grande considération ; elle semblait dire : que m'importe les malheurs de la patrie, pourvu que je ne perde rien de mes honneurs et de mon pouvoir ? Lorsqu'on lui laissait entrevoir qu'elle pouvait attirer de grandes calamités sur elle - même, le même orgueil qui lui faisait voir dans les priviléges *des choses légitimes*, avait encore l'art de lui persuader que, si on en venait à une rupture, elle était trop forte pour pouvoir la craindre ; que dis-je ? elle l'appelait même de tous ses vœux, persuadée qu'elle ne pourrait qu'augmenter ses priviléges et sa puissance.

Quel fut, en définitif, le résultat de tant d'orgueil et d'égoïsme ? La nation, irritée de voir dans son propre sein *une poignée* d'individus qui prétendaient lui donner des lois, se leva tout entière ; et c'est alors que ces hommes furent obligés ou de se soumettre, ou de fuir.

Mais la faction, dans sa défaite, conserva toujours et ses ridicules prétentions et ses coupables espérances : elle ne cessa, comme nous allons le voir bientôt, de contrarier par tous les moyens la volonté nationale ; elle prépara enfin les malheurs et les excès en tout genre de la révolution.

CHAPITRE V.

LES HOMMES DE CETTE FACTION, CAUSE PREMIÈRE DES CRIMES DE LA RÉVOLUTION FRANÇAISE, EN SONT EN GRANDE PARTIE LES AUTEURS.

Nous venons de voir que les individus qui rejettent aujourd'hui sur la révolution les crimes qui l'ont accompagnée, sont eux-mêmes la cause première de tous ces excès ; je vais démontrer maintenant que ces mêmes individus en sont *en grande partie* les auteurs.

Je dis *en grande partie*, parce que, juste avant tout, je ne puis attribuer à la faction *la gloire* de tous ces crimes. Un ami de la vérité et de la justice ne peut rendre à chacun que ce qui lui appartient, Or, qui ne sait aujourd'hui que beaucoup d'excès révolutionnaires ont été commis par des hommes qui, en paraissant avoir un but opposé à celui de la faction, avaient néanmoins avec elle des traits marquants de ressemblance ; puisque les uns et les autres, les premiers sous le masque du royalisme, les seconds sous celui du républicanisme, ne tendaient qu'à la ruine des institutions constitutionnelles (40).

Nous venons de voir également que *ces hommes*, dans leur première attaque contre

---

(40) Ceci peut servir à expliquer l'alliance qui existe aujourd'hui entre les hommes monarchiques et certains courtisans de Robespierre et des gouvernements précédents.

la nation , éprouvèrent la défaite la plus honteuse, et qu'ils furent obligés ou de fuir ou de recevoir la loi ; mais que cette preuve de leur extrême faiblesse , aulieu de les faire rentrer dans eux-mêmes, ne fit que les affermir dans leurs ridicules prétentions, et qu'ils mirent tout en œuvre pour obtenir une vengeance éclatante.

Le moyen qui , pour atteindre ce but, leur parut le plus prompt et le plus sûr , fut d'engager les puissances étrangères à déclarer la guerre à leur patrie , en leur remontrant qu'*avec leur influence* , elles parviendraient à subjuguer un peuple divisé ; qu'elles en retireraient un profit immense , et que , du reste , en épousant leur cause , elles défendaient leurs propres droits.

Les rois auxquels ils s'adressèrent , soit qu'ils jugèrent à-propos (et cela est le plus probable) de profiter de cette heureuse cironstance pour préparer à la France le sort de la Pologne , soit qu'ils crurent réellement que les principes de la révolution étaient destructifs de la royauté tandis qu'ils ne l'étaient que du despotisme, soit enfin par ces deux motifs réunis , feignirent de se rendre à la bonté de leurs raisons ; et ils déclarèrent la guerre à la France.

En commettant un tel acte d'injustice , les rois , qui jugent ordinairement des hommes d'après ceux qui leur obéissent , se flattaient d'une victoire aisée.

La faction qui , pour recouvrer ses privilèges et sa puissance , ne rougissait pas de livrer la terre sainte de la patrie, partageait les mêmes sentiments.

Mais le peuple français, indigné de cette aggression, montra ce que peut une nation qui préfère son anéantissement au malheur de retomber sous le joug de la tyrannie. Par-tout attaqué, il fut par-tout vainqueur. Et le ciel couronna encore une fois les efforts de la liberté (41).

Si la faction fut coupable envers la nation, elle le fut également envers la royauté.

Pour motiver son appel aux puissances étrangères, la faction ne cessait de proclamer que son roi n'était pas libre; qu'il détestait dans son cœur la constitution qu'il avait jurée, qu'il applaudissait secrètement à toutes ses démarches; et qu'il n'attendait enfin que l'entrée des armées alliées sur le territoire français, pour découvrir ses véritables sentiments (42).

Ainsi ces hommes pervers déshonoraient cette royauté qu'ils paraissaient idolâtrer; et ils semblaient vouloir, par avance, justifier le plus grand des attentats.

---

(41) Il est à remarquer, disent quelque part les courageux auteurs du *Censeur Européen*, que toutes les guerres faites par la France ont été funestes ou honteuses dans leurs résultats, excepté celles entreprises en faveur de la liberté.

(42) La faction n'a-t-elle pas déjà tenu le même langage, relativement à l'auguste frère de Louis XVI ? L'un des coryphées, je me trompe, le général en chef du parti, n'a-t-il pas osé avancer, après la fameuse ordonnance du 5 septembre, que Sa Majesté désavouait en secret cet acte de haute sagesse ? Plus ferme et plus éclairé que son malheureux frère, notre roi constitutionnel fit de suite justice d'une assertion aussi injurieuse pour le trône.

En vain ce prince infortuné rétractait hautement tout ce que les hommes de la faction lui faisaient dire et penser : en vain il leur défendait d'employer des moyens aussi coupables : en vain il leur ordonnait de rentrer en France ; ils ne tenaient aucun compte de ses représentations; ils riaient de ses ordres, et suivaient toujours la marche de leur plan infernal.

Et que la faction ne vienne pas nous dire aujourd'hui qu'elle croyait servir la royauté, et que le sang versé pour sa cause chez l'étranger, et dans le sein de la France même, est le plus sûr garant de la sincérité de son amour.

Si les hommes de la faction ont versé leur sang dans quelques combats, la royauté n'entra pour rien dans ce sacrifice; *ils ne sont morts que pour eux-mêmes.* Ils n'aimaient, dans la royauté, que le pouvoir qui leur garantissait leurs privilèges et leurs honneurs ; pour recouvrer des biens si chers, ils auraient sacrifié, s'il l'eût fallu, la royauté elle-même.

Si de l'examen de la conduite de la faction chez l'étranger, par rapport à la nation et à la royauté, nous passons à sa manière d'agir dans l'intérieur de la France, nous reconnaîtrons qu'elle fut aussi coupable.

En effet, ses premières pensées se tournèrent vers la guerre civile ; et elle leva son sanglant étendard dans les contrées où elle put facilement abuser de l'ignorance (43) et du fanatisme des dernières classes de la société.

____

(43) La faction déteste une éducation publique, saine et libérale, parce qu'elle fait naître dans le cœur de la jeunesse

Là, contre les lois, avec tous les suppôts de la tyrannie qu'elle put rassembler, la faction pilla et massacra non seulement les hommes qui, fidèles à la patrie, les avaient en horreur, mais encore les citoyens paisibles, dont les vertus douces ou la fortune étaient, pour elle, un sujet de justes reproches ou un motif d'envie.

Enfin, par tous ces moyens dans les provinces, par ses intrigues dans la capitale, elle prépara le règne d'une affreuse anarchie, qu'elle appelait de tous ses vœux, puisqu'elle espérait faciliter, par elle, l'entrée des armées étrangères sur le territoire français, et venir à leur suite imposer un joug de fer au reste de leurs malheureux concitoyens, échappés à la fureur dévorante de l'anarchie et aux glaives de ces mêmes armées.

Voilà les attentats de cette faction contre la royauté et le peuple, de cette faction qui, non contente, aujourd'hui même, de se déclarer, *par manifeste*, pure de tous ces forfaits, veut encore faire le procès à ses victimes!

CHAPITRE VI.

LE PEUPLE ET LA ROYAUTÉ NE DOIVENT ATTRIBUER QU'AUX HOMMES DE LA FACTION LA JOURNÉE DU 20 MARS ET SES SUITES DÉPLORABLES.

LA liberté triomphe; les gouvernements qui s'étaient flattés de pouvoir facilement asservir

l'horreur du despotisme, l'amour de l'ordre et de justes lois. En secret, elle voudrait qu'on n'accordât au peuple aucun un peuple généreux, tremblent à leur tour pour eux-mêmes : il semble que le ciel veuille les punir de leur injuste agression. Les hommes qui leur avaient donné le dangereux conseil d'attaquer un peuple ennemi de la servitude, veulent en vain réveiller le courage des puissances étrangères ; cette fois, trompés dans leur attente, ils ne reçoivent partout que des marques d'indifférence et de mépris.

Un soldat parvenu, par ses talents militaires, au premier grade de l'armée, se concilie le cœur de tous les soldats : la journée du 18 brumaire le fait parvenir au pouvoir suprême sous le titre de premier consul (44).

Succédant à un gouvernement justement décrié, Napoléon sent qu'il doit suivre une marche contraire : il montre, dans l'administration, un esprit d'ordre, d'économie, et sur-tout un amour pour la liberté, qui lui gagnent tous les suffrages ; en même temps il affermit, à l'extérieur, ce nouvel ordre de choses par de nombreuses victoires. Les Français espéraient enfin voir consolider cette liberté, qui leur avait coûté tant de sang.

---

enseignement. Mais, comme cela est à peu près impossible, elle veut du moins le dénaturer, pour parvenir au même but. Il lui faut pour cela des *frères ignorantins*.

(44) Malgré la faiblesse tyrannique du directoire, l'anarchie qui montrait de nouveau sa tête hideuse, malgré les revers de nos armées, la journée du 18 brumaire fut un attentat. Sylla, en entrant dans Rome à main armée, dit quelque part Montesquieu, apprit aux généraux romains à violer l'asyle de la liberté ; Napoléon, en entrant de même à main armée dans le sein de la représentation nationale, apprit aux despotes futurs le moyen de renverser les constitutions d'un peuple.

Vain espoir !....... Napoléon , infidèle à ses serments , détruit insensiblement toutes les garanties nationales ; et , lorsqu'il se voit tout-puissant, il léve le masque, et donne un libre cours à son ambition.

Il porte les fléaux de la guerre chez les peuples les plus éloignés ; il veut dominer l'Europe entière , et la victoire est sur le point de couronner ses injustes projets.

Mais la liberté, qu'il a comblée d'outrages, dessille enfin les yeux de la nation. Cette liberté anime d'un nouveau courage les peuples qui commencent à en connaître le prix. Un désastre inoui dans les annales de l'histoire, dévore la plus belle des armées , contre laquelle les forces de l'univers auraient en vain lutté ; l'ennemi pénétre à son tour dans le cœur de la France ; abandonné par l'opinion publique , Napoléon est obligé d'abdiquer la souveraine puissance, et, au milieu des calamités qui pèsent sur la patrie , la liberté prend une nouvelle vigueur et semble promettre de tout réparer.

Un prince de l'ancienne dynastie, instruit par l'adversité, est appelé, par des vœux unanimes, au trône des français ; à-peine le royal vieillard a-t-il touché le sol de la France, qu'il donne, comme monarque législateur, cette charte constitutionnelle, qui sera, comme il l'a dit lui-même, son plus beau titre de gloire dans la postérité.

C'est ici qu'il faut examiner la conduite de la faction. Avant l'arrivée du roi constitutionnel, on vit ces hommes, dans la capitale, dans les provinces, vanter avec justice sa sagesse, ses talents, sa bonté, et préconiser pour la France le bonheur de son retour. Mais Sa Majesté, trompant leurs espérances, sanctionne par un acte solennel les droits acquis par vingt-cinq ans de combats. C'est alors que la faction change de langage; ne pouvant rien sur l'esprit ferme et éclairé du monarque, elle séduit de faibles ministres, elle les pousse à des imprudences (45), à de criminelles tentatives (46).

La charte constitutionnelle avait proclamé la liberté de la presse, sans laquelle garantie un gouvernement représentatif n'est qu'une véritable jonglerie politique : et la liberté de la presse est étouffée par la censure (47).

---

(45) Mon gouvernement devait faire des fautes, peut-être en a-t-il fait. (*Proclamation du roi au peuple français.*)

(46) Il ne s'agit rien moins, dans la circonstance présente, que de *rester* sujets fidèles d'un roi *qui nous rend libres*, ou de *devenir* sujets d'un ministre *qui nous rendrait esclaves.* Cette considération est d'une si haute importance, qu'elle porte subitement mon esprit sur l'article 10 de la Charte. Je vois, dans la conduite du *ministre de l'intérieur*, l'*indispensable devoir de la chambre* de secourir le roi *contre les desseins qu'annonce le ministre*; et je propose à la chambre de délibérer sur cet objet. (*Proposition de M. le duc de Brancas, faite à la chambre des pairs dans la séance du 30 août 1814.*)

(47) La liberté de la presse est la première condition de l'existence d'un gouvernement représentatif, admirable institution dans laquelle, ainsi que l'a si justement dit un génie immortel, la liberté des meilleures républiques se cache sous les formes heureuses de la monarchie. Avec la liberté de la presse, les plus mauvaises lois, dénoncées au tribunal de l'opinion, ont bientôt disparu; les actes arbitraires des ministres, ou de leurs nombreux agents, dans le cas même où il n'existerait pas encore de loi sur leur responsabilité, signalés dans les feuilles publiques, les remplissent d'une salutaire terreur. Mais enlevez la liberté de la presse, plus de sécurité pour la vie, l'honneur, la fortune des citoyens; on reste exposé, sans défense, à tous les caprices du despotisme; loin de servir de garantie à la liberté, la division des pouvoirs,

La charte constitutionnelle avait proclamé l'inviolabilité des propriétés *sans distinction de celles dites nationales*, et chaque jour, dans les feuilles publiques asservies, on lit des articles alarmants pour les propriétaires de ces biens, c'est-à-dire, pour la masse forte de la nation.

La charte constitutionnelle avait commandé l'oubli des votes et des opinions ; et chaque jour fournit encore la triste preuve que la faction monarchique, se croyant certaine de la victoire, se prépare à faire le procès à la révolution.

Enfin l'armée, cette armée de vieux guerriers, qui faisait l'honneur de la France et glaçait de crainte ses ennemis, se voit insultée dans d'indignes pamphlets ; l'étoile des braves est prodiguée, pour l'avilir sans doute, à des chouans de l'ouest, à des brigands du midi, à des chauffeurs de pieds, des inspecteurs de diligences ; enfin, les choses allèrent si loin, qu'on est encore à comprendre aujourd'hui comment le gouvernement, malgré les bonnes intentions et les vertus de son chef, put traîner son existence jusqu'au 20 mars 1815.

---

c'est-à-dire, les chambres, les ministres, les institutions secondaires, comme le jury, l'inamovibilité des tribunaux, ne sont que des instruments de despotisme. La seule différence qui existe entre une monarchie purement absolue et un tel gouvernement, c'est que, dans le premier, on se permet tous les attentats, sans daigner les revêtir d'un vernis de justice ; aulieu que, dans le dernier, on forme *légalement* des attaques injustes, on emprisonne *légalement*, on déporte, on poursuit *légalement*, on assassine enfin *légalement*. Un tel gouvernement est le pire de tous ; et, si j'avais à choisir entre lui et le despotisme de l'empire turc, je me déciderais, sans balancer, pour ce dernier.

La catastrophe prévue par les hommes éclairés, arrive. Depuis un an, ces généreux citoyens faisaient de vains efforts pour détourner le danger ; de prétendus hommes d'état riaient de leurs prédictions et de leurs conseils. La faction et le ministère apprennent enfin, par le télégraphe du 5 mars, que Napoléon se dirige à main armée vers la capitale du royaume.

Ce dernier, se servant habilement du souvenir de ses anciennes victoires, promettant, dans son repentir, de gouverner désormais *pour et par la nation*, avance à pas de géant. En vain le monarque constitutionnel réitère, devant les chambres, le serment de fidélité à la loi fondamentale : la France n'avait pas besoin de ce nouveau serment de son roi, pour être assurée de son invariable attachement à ce pacte sacré ; mais elle voyait autour de lui les hommes de cette faction ennemie de ses libertés............ Nul obstacle n'arrête Napoléon, et, le 20 mars, pour le malheur de la patrie, il ressaisit de nouveau le pouvoir.

Napoléon victorieux à Paris, n'est plus ce Bonaparte affectant le repentir à Grenoble et à Lyon. Il se montre de nouveau l'ennemi de la liberté : divers décrets et son acte additionnel(48) mettent le comble à l'indignation publique ; la nation se sépare encore de lui : abandonné à ses propres forces, il succombe, et le gouvernement royal - constitutionnel est de nouveau rétabli.

---

(48) Bonaparte, par son acte additionnel, se détrôna lui-même ; l'indignation fut à son comble ; les citoyens qui, la veille même, couraient aux armes, les laissèrent tomber en voyant clairement les intentions du vieux despote.

Mais la chûte de Napoléon cause à la patrie des maux effroyables; l'armée, presque détruite à Waterloo, ne peut, comme en 1814, inspirer une terreur salutaire à l'ennemi. Ce dernier traite alors la France en pays conquis : les campagnes sont ravagées, les citoyens insultés dans tout ce qu'ils ont de plus cher; d'effrayantes contributions sont imposées, les monuments que les traités nous avaient garantis sont enlevés pour enrichir d'autres bords ; et il ne reste plus à la malheureuse France que la misère, les larmes et le désespoir.

Je supplie le lecteur de me permettre de soulager un instant mon ame, en souffrant que je me livre aux plus justes sentiments d'indignation. Se peut-il que les hommes de cette faction osent se proclamer aujourd'hui, à la face de l'Europe qui les apprécie à leur juste valeur, les *royalistes purs*, les *honnêtes gens par excellence !*

Quoi ! vous êtes des *royalistes purs ?* vous qui, depuis l'heureux retour d'un roi-citoyen, n'avez cessé de l'importuner de vos lâches prières, de vos indignes reproches, même de vos criminels murmures !

Quoi ! vous êtes les *honnêtes gens par excel-lence?* vous qui, depuis vingt-cinq années, faites une guerre à mort à votre patrie, et qui, depuis 1814, n'avez cessé de porter à la loi fondamentale les plus graves atteintes, de la rendre illusoire, sans doute pour la faire trouver méprisable !

Quoi ! vous êtes enfin des *honnêtes gens ?* vous qui n'avez pas craint de déverser sur une nation entière les forfaits dont vous étiez coupables !........ Mais, en attendant la postérité, vos contemporains vous jugent ; et, malgré les épaisses ténèbres dont vous cherchez à vous envelopper, l'inexorable histoire fera passer, en caractères ineffaçables, jusqu'à nos derniers neveux, l'ignominie de vos lâches intrigues, de vos notes secrètes, et jusqu'ici impunies, de votre détestable égoïsme, de cette absence de tous sentiments généreux, de ce mépris infâme du bien-être de la patrie (49).

CHAPITRE VII.

CONDUITE DE LA FACTION DEPUIS LE MOIS DE JUILLET 1815, JUSQU'AU 5 SEPTEMBRE 1816. LES HOMMES MONARCHIQUES LÈVENT ENTIEREMENT LE MASQUE.

L'ARMÉE n'existe plus ; un million d'étrangers occupent le sol de la France. Tous les citoyens généreux pleurent sur les désastres passés, gémissent sur les calamités présentes, et n'osent envisager l'avenir qu'avec effroi.

---

(49) Il existe cette différence entre les *honnêtes gens* et les *gens honnêtes*, que les premiers ne rêvent que bouleversement entier de l'ordre actuel, catégories, vengeances, assassinats juridiques ; et que les seconds, c'est-à-dire, l'immense majorité de la nation, ne veulent que le repos, la liberté et la soumission aux lois. Il me semble qu'il faudra bientôt, pour peu que cela continue, réformer notre dictionnaire. Les *ultrà* de 1814 ont démontré que *réprimer* et *prévenir* étaient des mots synonymes ; les ministériels de 1817 nous ont prouvé que *dépôt* et *publication* étaient aussi des mots synonymes ; et voilà que le *Conservateur* veut prouver que les *honnêtes gens* sont des *gens honnêtes*. Ne pourrait-on pas dire, avec plus de justice, que les *honnêtes gens* du *Conservateur* et les *révolutionnaires* sont identiquement les mêmes personnes ?

Dans ces jours de deuil, que fera la faction ? sera-t-elle touchée, par le spectacle des malheurs publics ? renoncera - t - elle à ses coupables projets? connaîtra-t-elle le repentir? se réunira-t-elle, enfin, à un roi qui, pour la seconde fois, veut guérir les plaies de la patrie ?

Non! triomphante au milieu de la douleur générale, enorgueillie des succès de l'étranger et fière de son appui, la faction va se montrer à découvert. Nous allons la voir, pour assouvir ses projets de vengeance et d'ambition, appeler à son secours de nouvelles lois, de nouveaux tribunaux révolutionnaires et tous les autres appuis de la tyrannie ; nous allons la voir marcher dignement sur les traces *des jacobins rouges, ses nobles devanciers.*

Sa majesté, par une proclamation libérale et paternelle (5o), avait rendu l'espérance et le courage aux amis de la patrie; mais la faction ne tarde pas à rendre illusoires toutes les promesses royales.

Une nouvelle législature est convoquée sous ces tristes auspices. La faction éloigne par les menaces, les assassinats même (51), le petit

---

(5o) Nous nous hâtons de rentrer dans nos états, *pour y rétablir la constitution* que nous avions donnée à nos peuples. (*Proclamation du roi, datée de Cambrai.*)

(51) Qui ne se rappelle avec horreur la terrible révélation faite à la tribune nationale, par M. de Saint-Aulaire, député du Gard. La veille des élections, quinze protestants, tous électeurs, furent égorgés dans les rues de Nîmes.

A Toulouse, les hommes monarchiques plantèrent une potence devant la porte de l'hôtel du président du collége électoral, nommé par le roi, en le menaçant de cet infâme supplice, si, malheureusement pour lui, il était élu.

nombre d'électeurs libéraux qui se trouvent dans les collèges électoraux de Bonaparte ; et , par ces moyens, *elle parvient à créer la chambre introuvable.*

Du jour de son établissement comme chambre législative , la réaction devient plus terrible. La loi d'amnistie , proposée par le Roi , se voit changée par elle en loi de proscription ; le reste de l'armée est divisée en quatorze catégories ; quatre cent mille destitutions portent le désespoir dans toutes les familles. Au mépris de l'article 9 de la charte constitutionnelle, qui commande l'oubli des votes et des opinions , au mépris de l'article 4 , qui déclare que nul ne peut être distrait de ses juges naturels , la *chambre introuvable*, convention nouvelle, condamne à l'exil éternel un grand nombre de français. Les citoyens amis des lois sont désarmés , et l'uniforme civique est endossé par tous les suppôts des cours prévôtales., par des gens sans aveu, par des repris même de justice. Dans le midi, des bandes d'assassins sont organisées *pour le plus grand intérêt de la faction* ; dans l'ouest, des misérables couverts du sang de leurs concitoyens , en sollicitent la récompense, et se présentent audacieusement comme les restaurateurs du trône et de l'autel. La délation est prescrite comme un devoir ; les liens les plus sacrés sont brisés. On s'évite, on se fuit; dans les cités, comme dans les hameaux; on n'ose se communiquer ses pensées , triste consolation des misérables. On voit les seuls délateurs se réunir ; on lit dans leurs farouches regards une affreuse joie. La tyrannie est à son comble.

La nation allait enfin briser ce sceptre de fer, en délivrant son roi d'une troupe de factieux ; elle allait rendre avec usure à ces jacobins monarchiques tous les maux qu'elle en avait essuyés. Une explosion terrible était inévitable : la sagesse du Roi législateur vient conjurer l'orage ; l'ordonnance du 5 septembre fut proclamée.

CHAPITRE VIII.

DEPUIS L'ORDONNANCE DU 5 SEPTEMBRE JUSQU'A L'ÉPOQUE ACTUELLE, LA FACTION, UN MOMENT ABATTUE, REPREND COURAGE, ET AFFICHE DE PLUS EN PLUS DES PRÉTENTIONS MENAÇANTES.

CE *légitime* (52) coup d'état renversa les projets désorganisateurs de la faction, en rendant à l'espérance les malheureux français accablés du poids de l'invasion européenne.

Dans le premier moment, chacun se plut à caresser l'idée que les ministres d'alors allaient adopter toutes les mesures nécessaires à la sécurité future de la patrie ; mais rien de tout

(52) Dans tout état libre, un coup d'état entraîne toujours après lui un mal-aise général, quelquefois même la chûte rapide du pouvoir qui s'est servi d'une arme aussi dangereuse. Je parle ici des coups d'état dirigés contre les libertés nationales.

Mais pour les coups d'état que j'appelle ici *légitimes*, c'est-à-dire, qui ont pour motifs réels la défense des droits nationaux, il est hors de doute que, loin d'affaiblir le pouvoir, ils ne font que l'affermir davantage. Personne ne contestera, j'espère, que, depuis l'ordonnance du 5 septembre, le trône constitutionnel est établi chez nous sur des bases un peu plus solides qu'en 1815 et dans les premiers mois de 1816. Ceci est de toute évidence.

(52)

ce qu'il était raisonnable d'espérer ne s'effectua ;
et, quelques mois après, on avait peine à trouver
le peu de bien dont on était redevable à cette
fameuse ordonnance (53).

En frappant d'un acte de dissolution la
chambre *introuvable* , sa majesté manifestait
de la manière la plus éclatante son aversion
pour ses principes politiques , et le désir
qu'elle avait, depuis long-temps, de se voir
enfin débarrassée des hommes monarchiques.

Que fit alors la faction? elle prépara tous les
moyens nécessaires pour se relever d'un si rude
coup. Les colléges électoraux de Bouaparte
existaient encore ; elle ne désespéra pas alors
de la victoire.

Le gouvernement impérial avait établi, dans
les intérêts de son despotisme, un vain simulacre de représentation nationale. La loi qui
était appelée à donner la vie à ce faux gouvernement était digne de son auteur. Il ne sortait
de l'urne électorale que le nom d'hommes
vendus d'avance aux gouvernants ; cette ruine
encore debout, d'un gouvernement usurpateur,
devait nécessairement servir à la composition
d'une nouvelle chambre. Ainsi notre roi constitutionnel n'avait, pour moyen légal de l'exécution de la charte , que l'appui même d'un

---

(53) « Déjà même, où je me trompe, ou le bienfait de
l'ordonnance du 5 septembre s'efface, depuis que le ministère
a repris la marche et le langage de tous les ministères, depuis
que les lois d'exception reparaissent, l'énergie de l'opinion
se dissipe ; la nation, qui se pressait autour du gouvernement,
semble s'écouler et se fondre. » (*Discours de M. le duc
de Broglie, prononcé dans la chambre des pairs, relativement au projet de loi qui suspendait provisoirement la
liberté individuelle.*)

pouvoir absolu. Les colléges impériaux furent convoqués ; et, malgré le gouvernement, qui fit tous les efforts imaginables pour écarter les ardents de 1815, la faction parvint, à l'aide de cette loi des élections, à faire réélire un grand nombre de membres de la chambre *introuvable*. On sait ce qui en arriva dès les premiers jours de la session, et comment, dans l'affaire du nommé Robert, plus de cent membres du côté droit se levèrent pour demander la mise en accusation d'un ministre qui jouissait alors de l'estime publique. La faction échoua dans cette tentative ; mais, soit crainte, soit faiblesse, soit *encouragement* secret, elle n'a cessé d'arrêter les progrès de la liberté constitutionnelle ; depuis le 5 septembre jusqu'à ce jour, je le dis encore, au risque de me voir accusé de me répéter, la nation a repris toutes ses inquiétudes ; la faction se montre, en 1819, aussi ennemie de la royauté qu'en 1789, aussi imprudente qu'en 1814. Puisse la haute sagesse de notre roi dissiper de tristes présages, en rassurant, encore et pour toujours, la nation française, sur le maintien de la charte et des droits qui lui sont garantis par cette loi fondamentale !

CONCLUSION DES CHAPITRES PRÉCÉDENTS.

En résumant tout ce qui précède, on reconnaîtra facilement que cette faction, également ennemie du peuple et du pouvoir royal, ne peut exister dans un état libre sans y faire naître une agitation secrète , et ne peut être favorisée par le gouvernement sans produire tôt ou tard de nouvelles révolutions.

Malgré le rapide et irrésistible progrès des lumières, cette faction, semblable aux oiseaux de nuit, se plaît dans les ténèbres, ou, pour parler encore avec plus de vérité, elle ferme les yeux, et soutient alors qu'il ne fait pas jour en plein midi.

Cette faction est l'alliée naturelle de toute tyrannie naissante ; et le peuple, au contraire, la considère justement comme le plus grand des fléaux.

Cette faction soutient de tout son pouvoir la tyrannie établie ; et le peuple ne cesse de lutter contre elle.

Enfin, cette faction, composée d'hommes avides de pouvoir et de richesses , et qui , pour se procurer ses jouissances, ne possède que de ridicules prétentions et le dégoût le plus prononcé pour le travail, emploie tous les moyens imaginables pour devenir riche et puissante aux dépens du peuple ; ce dernier , composé d'hommes laborieux et éclairés , fait de son mieux pour repousser de pareilles tentatives.

Dès-lors il s'établit entre cette faction, qui veut tout pour elle, argent, puissance, honneurs, et la nation, qui ne veut rien céder de ses produits, *pour engraisser une troupe de fainéants*, une lutte d'abord peu sensible, mais qui devient bientôt de plus en plus terrible, et par les lumières toujours croissantes du peuple et par l'opiniâtreté des deux partis dans leurs résolutions. De part et d'autre il s'agit de l'existence : car, si la nation est victorieuse, la faction perd et ses privilèges et son pouvoir ; les honneurs qui peuvent lui rester ne sont plus que de vains titres ; et l'on sait que les hommes ne s'attachent aux mots, qu'autant qu'ils leur représentent des choses. Si la faction l'emporte, au contraire, le peuple sent qu'il est, pour de longues années, condamné à gémir dans la misère et la servitude.

Le gouvernement ne tarde pas à être averti de la crise qui se prépare ; et il se trouve dans l'impossibilité de rester neutre dans cette terrible lutte.

Alors, il arrive de deux choses l'une : ou le gouvernement embrasse le parti légitime du peuple, ou bien il fait cause commune avec la faction.

En défendant les intérêts du peuple, le gouvernement se rend, il est vrai, ennemis tous les hommes de la faction. Il peut s'attendre à quelques misérables intrigues (54), à quelques obscurs complots ; mais il trouve tous les moyens de les punir ou de les réprimer, dans l'amour et la force du peuple ; et son règne n'est qu'une longue suite de prospérités. L'histoire de tous les temps et de tous les pays est là pour attester cette vérité.

Dans le second cas, en épousant la querelle *de quelques individus*, le gouvernement s'aliène en un instant le cœur d'une nation entière, et

____

(54) Des notes secrètes, par exemple.

marche à grands pas vers sa ruine. L'histoire
est encore là pour attester cette autre vérité.

Telle est la position où se trouve le gouvernement actuel de la France. Quelques lois nationales, proposées et sanctionnées par lui,
prouvent les bonnes intentions de son auguste
chef; mais, disons-le avec franchise, les amis
de l'ordre et de la liberté désiraient, depuis
long-temps, moins de faiblesse, d'hésitation
dans nos hommes d'état. L'expérience prouve
aujourd'hui que leurs alarmes n'étaient pas
chimériques; et qu'on ne pouvait attendre d'un
ministère qui prononça le *fameux jamais*, dans
la séance du 17 mai 1819, rien que de funeste
pour la patrie. Il vient de trahir les espérances
des amis de la royauté constitutionnelle. Porté
aux conseils du monarque, par l'opinion publique, il la méconnaît aujourd'hui. Des
exemples récents ne font aucune impression
sur lui. Aussi aveugle, aussi passionné que le
ministère précédent, il n'ouvrira les yeux que
lorsqu'il sera tombé. Déjà, si je ne me trompe,
on prépare son oraison funèbre.

Cependant, instruit par vingt-cinq années
de révolutions, le ministère ne devait pas
ignorer de quel côté se trouve le péril pour le
trône constitutionnel. Ne devait-il pas sur-tout
savoir que l'estime et l'affection des peuples
sont les plus fermes soutiens de tout gouvernement libre.

L'exemple de Napoléon, dont le ministère
actuel avait tant d'intérêt de discréditer la
tyrannie, était là pour lui prouver que rien
ne peut remplacer l'estime et l'affection des
peuples.

Napoléon, par exemple, n'avait-il pas institué une noblesse, créé des majorats; et qu'on me pardonne le mot, n'avait-il pas encore en sa faveur la vénération qu'inspiraient ses exploits. Cependant il est tombé; et sa chûte est la preuve la plus invincible de la force de l'opinion publique, et de la puissance de la liberté.

Dans de telles circonstances, quelle est donc la seule route qu'*un nouveau ministère* (la France attend cet autre bienfait de la sagesse de son roi) puisse suivre dans l'intérêt du trône et de la nation? Voilà la question qui reste à résoudre, et qui doit être pour tout bon citoyen le sujet des plus graves méditations.

Depuis l'établissement de la charte constitutionnelle, des écrivains d'un esprit supérieur, enflammés par l'amour du bien public, ont assez indiqué aux différents ministères les véritables remèdes aux maux de la patrie. Certes, le ministère actuel ne pouvait pécher par ignorance : s'il a dédaigné les conseils d'hommes doués de talents incontestables, il ne pourrait écouter mes avis qu'avec le sourire du dédain. *C'est donc aux futures excellences que je les adresse.* Fasse le ciel qu'elles puissent en faire leur profit!

Ce n'est pas qu'on puisse retirer un grand fruit de la lecture de mon ouvrage ; mais, après tout, on peut y trouver quelque chose. L'alchymiste, dans sa folie, croyant trouver le secret de faire de l'or, s'agite autour de ses fourneaux, et toujours il n'embrasse qu'une chimère: mais quelquefois sa folie même le conduit à des découvertes utiles aux arts ou à l'humanité; et je suis peut-être dans le même cas que l'alchymiste.　　　　　　8

CHAPITRE IX.

LA RÉVOLUTION FRANÇAISE NE FUT POINT DIRIGÉE CONTRE LA
ROYAUTÉ.

JE viens de prendre l'engagement d'indiquer au nouveau ministère la route qu'il lui faudra suivre, pour affermir la royauté et assurer la paix publique : je vais m'efforcer de tenir parole. Je dois commencer, pour remplir ce but, par indiquer les énormes fautes commises par le ministère actuel.

Mais qu'il me soit permis de prendre les choses d'un peu plus haut ; tout s'enchaîne dans cet ouvrage ; un chapitre est le corrolaire du précédent, et c'est ainsi que j'espère le mettre à l'abri des attaques de la faction. Toutes les jérémiades du *Conservateur* tenteraient en vain de l'ébranler ; il porte sur des faits connus , avérés. Les écrivains de la faction, au contraire, sont obligés à chaque instant de voiler leurs propres pensées pour ne pas se montrer trop ridicules ; ils n'écrivent que pour élever des sophismes : on est bien faible avec de tels appuis, en dépit de ce même *Conservateur*, qui a déclaré jadis , avec une humilité vraiment chrétienne, les hommes monarchiques, *les plus spirituels et les plus forts* (55).

___

(55) Il en est des partis comme des individus : celui qui , de son autorité privée, se déclare le plus recommandable par ses talents et sa force, retire d'un tel aveu tout le contraire de ce qu'il en espérait. Loin de commander le respect ou la crainte , il n'inspire que le mépris , qui suit toujours l'ignorance ou la faiblesse.

(59)

Jusqu'ici, j'ai marché de principe en principe, de raisonnement en raisonnement ; mon sujet me le commandait : pour continuer, il m'est indispensable d'employer le même moyen.

Pour engager le nouveau ministère à fermer toute carrière possible de révolutions nouvelles, il ne suffit pas d'avoir démontré que cette révolution tant calomniée n'a pour *ennemis naturels* que les hommes de la faction dont nous venons de dévoiler les actes et les arrière-pensées, et dont la France fit, en 1815, un si triste essai de gouvernement. Il me faut, avant tout, prouver que la révolution française ne fut point dirigée contre la royauté : ceci fortement établi, le reste découlera comme de source.

Au point de civilisation où nous en sommes, tout gouvernement, quel qu'il soit, ne pourra désormais subsister long-temps, sans s'appuyer sur les intérêts du peuple.

Ce sont donc de bien mauvais serviteurs de la royauté, que ces ministres qui ne savent opposer aux progrès de la liberté qu'une immobilité parfaite et un stupide entêtement à refuser toutes garanties. Ils ressemblent, ces prétendus hommes d'état, au maître d'un vaisseau battu par une violente tempête, et qui ordonne aux matelots de plier les voiles et de s'abandonner aux vagues menaçantes ; aulieu de les déployer toutes, et de se servir de la tempête même pour arriver plus promptement au port.

Ce serait donc en vain qu'un tel gouvernement voudrait opposer *à la force de l'opinion*, celle des antiques préjugés ; *à l'éclat des lumières*, le fanatisme civil et religieux ; *à la puissance réelle d'une nation*, la puissance factice d'un parti, de tribunaux extraordinaires et d'une armée d'espions : tout cela serait en pure perte (56).

Les préjugés tombent dans un profond mépris, le fanatisme s'éteint, les tribunaux extraordinaires deviennent en exécration ; *c'est bientôt un déshonneur d'en avoir fait partie.* Les espions découverts sont inutiles ; que devient alors un pareil gouvernement ? La réponse à cette question est si facile, que je crois inutile de la donner ici. Je passe de suite aux objets qui doivent faire le sujet principal de ce chapitre.

Il suit, de notre définition même de la révolution française, qu'elle ne fut point dirigée contre la royauté.

En effet, en réclamant de tels droits en 1789, quel était le but de la nation ? de secouer le joug des lois féodales. Certes, elle était bien éloignée d'avoir en vue un gouvernement républicain. Les français étaient déjà trop éclairés, pour ne pas concevoir qu'une telle forme de gouvernement dégénère bientôt en anarchie ou en despotisme, lorsqu'elle est appliquée à un peuple nombreux, et possesseur d'un vaste territoire.

____

(56) La faction monarchique peut fournir un mémorable exemple de ce que nous avançons. En 1815, elle avait tout usurpé, puissance législatrice, ministère, conseil d'état, tribunaux, armée ; et, cependant malgré tant de ressources, et l'appui *des lois d'exception* et *des cours prévôtales*, il a suffi d'une simple ordonnance pour anéantir ses projets.

L'exemple des Etats-Unis d'Amérique ne pouvait faire aucune impression sur les esprits; puisqu'il suffisait d'ouvrir les yeux, pour reconnaître que la France différait de ce peuple nouveau, par toutes les choses qui permettaient d'introduire le gouvernement républicain. Il est vrai que le manifeste du congrès, et les actes politiques qui en furent la suite, produisirent un grand effet sur la nation. Cet effet fut profond: il ne créa pas la révolution; mais il fut peut-être une des plus puissantes causes qui en déterminèrent l'élan.

D'un autre côté, si nous considérons que cette foule de généreux français qui, sous le commandement de l'immortel compagnon d'armes de Washington, se couvrirent d'une gloire immortelle, en combattant pour la cause de la liberté dans le nouvel hémisphère, imprimèrent à la masse de la population, par le récit de leurs actions héroïques, un mouvement général vers un nouvel ordre de choses; nous verrons encore que cet effet dut être aussi rapide que profond.

Mais cela ne m'empêchera pas de soutenir, avec raison, que le peuple français ne demandait à la royauté que le développement des principes compatibles avec son existence.

---

(57) En reconnaissant l'indépendance des Etats-Unis, Louis XVI se recommandait, par cet acte glorieux, à l'estime de la postérité; digne petit-fils du grand Henri, il reconnut ainsi la vérité de ce principe, que les peuples opprimés ont le droit de se lever contre leurs oppresseurs. Une telle conduite présageait le monarque qui fut depuis proclamé à si juste titre le restaurateur de la liberté.

(62)

En effet, consultons les vœux de la France! Que désire aujourd'hui l'immense majorité des citoyens (57)? le maintien et la stricte exécution de la charte constitutionnelle, qui renferme, comme je l'ai dit ci-dessus, tous les principes de la révolution; elle rejette toute idée de retour vers la monarchie féodale, ou vers la forme (58) de ce gouvernement qui lui est tout-à-fait opposé. La nation a là-dessus un instinct admirable; et cependant la plupart des hommes dont elle se compose; sont ou ceux-là même qui ont combattu pour la liberté en 1789, ou les enfants de ces hommes, héritiers des sentiments de leurs pères.

C'est donc avec toute justice que je puis dire ici que la révolution ne fut point dirigée contre la royauté, mais contre cette faction également ennemie du trône et de la patrie.

_____

(58) Le moment actuel vient à merveille. D'innombrables pétitions, parties de tous les points de la France, portent à la chambre des représentants le presque unanime désir de la nation, de voir maintenir et la charte et la meilleure de nos lois, également menacées.

(59) Je crois devoir prévenir que je n'entends pas parler ici du prétendu gouvernement républicain de 93. Qui ne sait qu'alors il n'existait, dans la malheureuse France, ni lois, ni liberté, et que jamais plus effroyable despotisme n'a pesé sur aucun peuple! La république de Robespierre confirme ce que j'ai dit ci-dessus, relativement aux effroyables calamités produites par un faux gouvernement libre.

« Ce sont les soldats de la république et leur incomparable vaillance; ce sont les généraux et leurs grands talents.... enfin, ce sont les succès continuels de plusieurs armées qui ont donné de l'éclat au gouvernement de la convention nationale. On ne peut se faire une idée de l'_abjection_ où _elle serait tombée_, si elle n'avait eu, pour se relever, que ses principes de législation et son administration intérieure. Les actions militaires ont dissimulé la honte des actions civiles, et le bonnet de grenadier la turpitude du bonnet rouge. » (_Hist. de la Révolution française, par M. Necker._)

CHAPITRE X.

LA ROYAUTÉ EST L'ALLIÉE NATURELLE DES PRINCIPES DE LA RÉVOLUTION.

CE chapitre est court, mais indispensable. Je viens de démontrer que la révolution française ne se proposa jamais pour but le renversement de la royauté, dont elle reconnaissait les avantages inappréciables. Je viens de prouver également que la nation, aujourd'hui même, ne veut que la stricte exécution de la charte constitutionnelle. Il suit de là que la royauté doit être l'alliée naturelle des principes de la révolution.

CHAPITRE XI.

LA ROYAUTÉ NE PEUT NI NE DOIT GOUVERNER QUE DANS LES INTÉRÊTS NATIONAUX.

PUISQUE la royauté est l'alliée naturelle des principes de la révolution, son devoir et sa conservation lui prescrivent d'agir toujours conformément à ces principes.

Dans la conclusion des neuf premiers chapitres, j'ai dit que la royauté devait toujours sans balancer embrasser le parti de la nation; j'ai prédit de grands malheurs, dans le cas où elle serait assez aveugle ou assez mal conseillée pour prendre le parti contraire. Au risque de me voir accusé de me répéter sans cesse, je veux m'étendre un peu sur ce qui peut arriver dans l'une ou l'autre hypothèse. L'amour du bien public l'emporte dans mon cœur sur toute autre considération.

Si, loin de vouloir attenter aux intérêts nationaux, la royauté les respecte, sa puissance, appuyée sur la loi fondamentale, est inébranlable ; la royauté, dans l'intérieur, survit à toutes les attaques, à tous les complots des factions, et à tous ses ennemis extérieurs. En effet, s'il venait un instant de crise, la royauté verrait accourir à sa défense la nation toute entière ; et l'orage serait bientôt dissipé. C'est en vain que, pour l'affaiblir, ses ennemis promettraient une plus grande liberté ; la nation connaissant le piége, et contente de celle qui lui est assurée par ses institutions, se garderait bien d'écouter d'insidieuses proclamations ; et, s'il le fallait enfin, elle saurait périr pour le maintien de la royauté. Car, malgré toutes les déclamations de ces hommes qui se sont proclamés *les purs par excellence*, les peuples n'ont déjà pas tant de goût pour les bouleversements politiques ; ils ne les désirent, que lorsqu'ils se trouvent dans une si cruelle position, qu'ils veulent en sortir à tous prix, même par leur destruction comme peuples.

Les factieux, cette imperceptible minorité d'une nation, soupirent seuls après ces changements. Ils ne savent que trop bien, ces hommes, que c'est uniquement dans les jours de deuil qu'ils peuvent satisfaire leurs intérêts particuliers sous le voile de l'intérêt public.

Examinons maintenant ce qui peut résulter de fâcheux pour la royauté, dans la supposition contraire.

En favorisant une faction au préjudice des intérêts du peuple, pour la défense désquels elle a été établie, la royauté manque d'abord au premier de ses devoirs.

En tenant une pareille conduite, elle ne se doute pas qu'elle porte elle-même les plus graves atteintes à ses droits constitutionnels. En trahissant ses devoirs, quels sont effectivement les avantages qu'elle peut en retirer? Acquiert-elle une plus grande puissance? est-elle plus respectée? jouit-elle, enfin, d'une plus grande sécurité?

Loin d'acquérir une plus grande puissance, la force légale qu'elle reçoit des institutions s'affaiblit; car, en les violant, la royauté les avilit; et comme elle-même ne doit son existence qu'à ces mêmes institutions, elle doit nécessairement se ressentir du mépris qu'elle a déversé sur les lois fondamentales.

Loin d'être plus respectée, la royauté, déchue dans l'opinion publique, devient suspecte aux peuples; et cette défiance est son ouvrage. Les actes même les plus dignes de louanges, étant émanés d'elle, sont attaqués par l'arme du ridicule. On lui suppose toujours de coupables intentions; on lui prête des arrière-pensées; en un mot, la magie du pouvoir disparaît pour toujours.

Enfin, loin d'acquérir une plus grande sécurité, la royauté, en s'aliénant le cœur des peuples, a nécessairement recours à tous les moyens de conservation que peut lui suggérer la plus inquiète prévoyance ; mais, en cela, la royauté ne fait qu'accélérer sa chûte. Elle a beau colorer, selon la coutume ordinaire, ses desseins du prétexte de l'intérêt général , il ne se trouve aucune dupe. Un état de guerre s'établit alors entre le peuple et la royauté : la résistance aux attaques est d'abord faible du côté des gouvernés ; cette faiblesse enhardit la royauté à porter de plus graves atteintes aux institutions. Alors les gouvernés, qui n'ont que le choix de la servitude ou du soulèvement , prennent tout-à-coup une résolution vigoureuse : cela seul suffit pour déconcerter les projets du pouvoir. Effrayée de n'apercevoir de son côté que quelques agents , et de l'autre un peuple irrité , la royauté, dans les premiers moments de sa frayeur, accorde plus que le peuple ne demandait même. Chacun voit alors son extrême faiblesse, et demande en conséquence de plus fortes garanties pour l'avenir ; enfin, de demandes en demandes , de concessions en concessions, le peuple, pour son malheur, s'empare de toute la puissance accordée à la royauté par la loi fondamentale.

CHAPITRE XII.

LE GOUVERNEMENT DU ROI, LORS DE LA PROPOSITION BARTHELEMY, DEVAIT DISSOUDRE LA CHAMBRE DES DÉPUTÉS.

LA France, pour son bonheur, n'a point à redouter de nouveaux orages politiques. Elle se repose avec confiance sur un monarque qui a déjà donné tant de preuves de son attachement à la charte constitutionnelle.

Depuis son établissement, si le peuple n'a pas encore obtenu les lois organiques qu'il ne cesse de réclamer, il n'accuse de cette calamité que les différents ministères qui se sont succédés, et qui tous, sans exception, ont trompé ses espérances ainsi que celles de son roi.

Si, aujourd'hui même, la France inquiète demande à grands cris le renvoi de la majorité du ministère actuel, elle obtiendra ce nouveau bienfait d'un prince qui a trop de lumières et d'expérience pour se refuser à la voix de l'opinion. Revenons maintenant à l'objet de ce chapitre.

Jamais, depuis l'établissement de la charte constitutionnelle, le gouvernement du roi ne pouvait trouver une occasion plus favorable, que le renvoi du dernier ministère, pour porter les derniers coups à la faction monarchique.

A des hommes d'état composés en grande partie d'ennemis du système représentatif, patriotes quelquefois par calcul, et toujours patriciens par goût, succédait un ministère composé d'hommes éclairés, et, au moment de leur élévation, entourés de l'estime publique.

On était fondé à croire que ces hommes d'état tiendraient de suite une conduite opposée à celle de leurs prédécesseurs, dans les intérêts du trône et de la patrie, comme dans ceux de leur propre conservation.

Par quelle fatalité se fait-il que le ministère actuel, une fois solidement établi, ait jugé convenable de tromper les attentes des amis de l'ordre et de la liberté? (60) Il connaissait les desseins de la faction. La proposition du marquis de Barthelemy disait assez qu'elle ne voulait ni de la loi des élections, ni de leur gouvernement. Dans une telle circonstance, dissoudre la chambre des députés, et appeler aux colléges électoraux eux-mèmes de la sentence de mort prononcée contre eux par la faction, c'était agir en politiques éclairés, c'était conquérir le titre glorieux de ministre-citoyen; tout enfin devait inviter à faire un nouveau cinq septembre. Et ce qu'il y a de plus singulier, c'est que, d'après quelques bruits qui se changent aujourd'hui en certitudes (61), le ministre, qui, par ses journaux, a revendiqué presqu'en entier le mérite de la fameuse ordonnance, s'est opposé le plus fortement à cette salutaire mesure.

Quel que soit du reste le génie administratif du ministre que repousse aujourd'hui l'opinion, qu'il me permette de lui dire que son système favori de bascule est le moyen le plus sûr dont il puisse faire usage pour tomber du haut piédestal où son excellence a su se placer.

C'est en effet un bien mauvais système de gouvernement. On conçoit, il est vrai, qu'un tiers puisse intervenir entre deux partis à peu

(60) Toutes ces fautes, ces contradictions, comme nous le verrons bientôt, s'expliquent aujourd'hui par la conduite du ministre *par excellence* : elles ont toutes été faites pour amener la réussite de desseins criminels qu'on ose se flatter de réaliser.

(61) Voyez la note ci-dessus.

près égaux en force, et qu'en se mettant habilement tantôt d'un côté, tantôt de l'autre, pour les affaiblir, et les dominer ensuite, il puisse venir à bout d'un tel projet. Cette conduite n'est peut-être pas très-digne de louanges; son utilité seule peut, jusqu'à un certain point excuser, un pareil système.

Mais ce ne sont pas deux partis égaux en force, que monseigneur est appellé à rendre victorieux tour à tour. D'un côté on voit la nation entière, de l'autre une effrayante minorité.

Que, pour l'accomplissement de ses augustes projets, son excellence se soit déterminée à gagner cette effrayante minorité, composée de quelques marquis de la monarchie féodale, de quelques républicains de Robespierre, et de certains adulateurs titrés du gouvernement impérial, il suffit de connaître un peu les courtisans anciens et modernes, pour rester convaincu *qu'ils peuvent servir à merveille un ministre de la police générale.* Mais vouloir placer sous le joug une nation généreuse, c'est une entreprise qui ne peut être excusée qu'à la table d'une excellence. Je sais qu'il entre dans le goût de certains hommes d'état, de singer ce Napoléon qui a ouvert, en Europe, une célèbre école de despotisme; mais j'en demande bien pardon à ces puissants personnages, ils sont tombés dans la plus grave des erreurs ; pour parvenir à priver la nation française de ses libertés, il a fallu subjuguer la victoire, et montrer dans l'administration intérieure un caractère et des talents qui ne se retrouvent plus dans les ministres de nos jours.

Je retourne maintenant au sujet de ce chapitre : je viens de dire que le ministère actuel devait, le lendemain même de sa création, dissoudre la chambre des députés, pour dissiper de trop vives alarmes. Il est vrai que, par l'ordonnance du 5 mars 1819, il a nommé soixante nouveaux pairs ; mais cet acte, que j'ai entendu vanter par des écrivains éclairés et indépendants, me paraît aujourd'hui, comme au premier abord, d'une complète nullité.

Pour sauver la loi des élections du péril qui la menaçait, le ministère n'a pas trouvé de meilleurs expédients, que de briser l'ancienne majorité de la chambre haute, par l'introduction d'un certain nombre de pairs, *zélés partisans de la charte et de la meilleure de nos lois*. Le ministère était-il alors de bonne foi ? les journaux nous donneront bientôt la vérité sur ce point. En attendant, je dirai toujours que c'est un singulier moyen de défendre les libertés nationales, que d'élever à la pairie des hommes inconnus, ou dont la faveur compose tous leurs droits à cette éminente dignité. Il existe, il est vrai, d'honorables exceptions. Je vois sur la liste des guerriers couverts de glorieuses blessures, des législateurs, des magistrats, qui ne se sont jamais vendus à aucun pouvoir. Mais, en définitif, qui ne s'aperçoit que, par l'ordonnance du 5 mars 1819, le ministère n'avait en vue que sa propre conservation. Il voulait, dans la chambre haute, un ventre héréditaire, comme un ventre électif dans la chambre basse. Nous allons bientôt apprendre s'il ne s'est pas trompé dans ses calculs.

Je le répète, pour mettre fin à de continuelles alarmes, le ministère devait appeler la nation elle-même à la défense de la loi des élections; c'était le véritable remède; la faction monarchique serait venue rendre les derniers soupirs aux pieds de la nouvelle chambre. On s'est contenté de prendre une mesure illusoire; et le ministère actuel a remis en question, après le 5 mars, ce qu'il était en son pouvoir de décider alors d'une manière irrévocable.

Nos hommes d'état n'ont pas cru devoir céder aux désirs ardents de la patrie; c'est un grand malheur: il ne peut leur rester, d'une telle détermination, qu'un profond repentir. Ce mépris de l'opinion publique, cette insouciance coupable pour le bien-être et la sécurité de tout un peuple, sont les pronostics certains de leur chûte prochaine. Car si parfois la nation est *oublieuse* et *magnanime*, elle est également *prudente* et *forte*.

CHAPITRE XIII.

LE MINISTÈRE ACTUEL DEVAIT UNIR SES EFFORTS A CEUX DES ÉLECTEURS LIBÉRAUX, AFIN D'OBTENIR POUR DÉPUTÉS DES HOMMES INTÉRESSÉS A DÉFENDRE LES LIBERTÉS NATIONALES.

APRÈS l'ordonnance du 5 septembre, les colléges électoraux du gouvernement impérial furent convoqués; on a vu ci-dessus que sa majesté n'avait que ce moyen légal d'exécuter la charte. Chacun sait que le ministère qui s'est attribué dans le temps la gloire de cet acte salutaire, *qui n'appartient qu'à notre roi constitutionnel*, fut sur le point de devoir sa chûte à ces mêmes collèges, qu'il avait considérés comme l'instrument le plus certain de son despotisme futur. Chacun sait que la majorité fut, instant, flottante dans la chambre nouvelle. Echappé au péril qui le menaçait, il se hâta de présenter à l'acceptation des chambres un projet de loi sur les élections, qui, en enlevant aux hommes monarchiques tout espoir de recouvrer la puissance, introduisît en même temps, dans la représentation nationale, les candidats qu'il désignerait lui-même au choix des électeurs. C'est à cette *égoïste* détermination, *quant au ministère*, que la France est redevable de la meilleure de ses lois (62).

Certes, le ministère, qui n'avait rien de plus pressé que de se mettre à l'abri des vengeances de la faction, *ne prévoyait pas les fâcheuses conséquences qui résulteraient un jour pour lui de l'exécution de cette loi.* En effet, des hommes d'état aussi éclairés pouvaient-ils prévoir que la nation tournerait contre leur despotisme ce qu'ils se plaisaient à envisager comme leur plus ferme appui ?

En proclamant en tous lieux, avec la plus rare impudeur, que la France lui était redevable de la révolution du 5 septembre, le ministère ne devait-il pas attendre du peuple français, avec quelque apparence de raison, pour prix d'un tel bienfait, une entière soumission à ses volontés ? Les colléges électoraux ne devaient-ils pas s'estimer heureux de choisir pour députés leurs honorables amis. Voilà et le motif secret du ministère

---

(62) Voyez la note 27, page 24.

et les espérances flatteuses dont il se berçait pour l'avenir. Mais, hélas ! que son désappointement fut extrème ! Les électeurs, convoqués en vertu de la nouvelle loi, osèrent *se montrer ingrats*, en obéissant au cri de leur conscience, qui leur disait qu'avant tout ils devaient considérer les besoins de la patrie.

Chacun, il est vrai, convenait, avec le ministère, que la tyrannie de 1815 ne pouvait reparaître sans danger pour le trône constitutionnel ; que l'élection d'un seul membre de la faction devait alors être considérée comme une calamité publique ; et qu'en conséquence, pour prévenir un tel malheur, il était indispensable de s'opposer à la nomination de ces chauds partisans de l'ancien régime. Mais, en même temps, les citoyens n'ignoraient pas que si la *faction monarchique* avait exécuté une sanglante réaction, par le moyen de lois d'exception de tout genre, de tribunaux révolutionnaires de toutes les espèces, le ministère avait concouru à ces *actes glorieux*, et que même, depuis la fameuse ordonnance, malgré les reproches amers qu'il adressait sans cesse à la faction, il continuait d'employer avec fruit, dans l'intérêt de son pouvoir, ces mêmes lois dont il reprochait la désastreuse existence à la *chambre introuvable*.

Les électeurs libéraux placés entre deux périls, la tyrannie féodale et le despotisme ministériel, prirent la ferme résolution de choisir, pour représentants du peuple français, les hommes qui leur étaient connus par un sincère attachement à la cause de la liberté, par une fortune honorable, des talents incontestables et l'assemblage des vertus publiques et privées, et, sous tous ces rapports, incapables de se laisser séduire par les faveurs ministérielles.

Cette patriotique détermination de la grande majorité des colléges électoraux et de la presqu'unanimité de quelques-uns d'entre eux, effraya ce pauvre ministère à-peine échappé des mains de la faction monarchique ; menacé par ces nouveaux ennemis, non de son existence comme dans sa lutte avec les *honnêtes gens*, mais de se voir réduit à la triste nécessité d'exécuter enfin la charte et de se renfermer dans les justes limites de on pouvoir légal, il mit tout en œuvre pour détourner un tel malheur. Dans le mois qui précéda la première convocation des nouveaux colléges, il n'épargna aucun des moyens propres à égarer l'opinion publique sur les candidats zélés partisans de la liberté constitutionnelle, adroits mensonges, louanges insidieuses, calomnies infâmes, injures grossières, rien ne fut épargné ; et cependant, dans plus d'un collége, il fut témoin de sa défaite.

De nouvelles calamités l'attendaient au renouvellement de la seconde série ; cette fois, les électeurs, éclairés par la conduite des créatures du ministère, dans la chambre nationale, comprirent tout de bon que c'était un mauvais moyen de défendre la liberté garantie par la charte, que de nommer pour députés des individus intéressés à soutenir le despotisme ministériel. Ils votèrent alors en faveur d'hommes ennemis des rubans, des

places et des pensions ; et le ministère, complétement battu dans la lutte électorale, fut
obligé de prendre congé, aux applaudissements
de la France entière. Cette dernière circonstance, comme chacun le sait, n'empêcha pas
l'un de ses membres d'obtenir une récompense
nationale.

Les ministres actuels, qui ne peuvent attribuer leur élévation qu'aux fautes multipliées
de leurs prédécesseurs, devaient éviter de
suivre leur exemple aux dernières élections,
pour ne pas éprouver le même sort. Mais, par
un aveuglement qui tient du délire, ils viennent
de marcher dignement sur les traces de leurs
devanciers ; que dis-je ? ils les ont surpassés,
puisque, dans quelques colléges, ils ont porté
leurs suffrages sur des hommes (62) de la
faction monarchique. Il est juste d'ajouter que
nos hommes d'état ont essuyé, dans cette dernière lutte, une défaite encore plus humiliante.

Le ministère Lainé, épouvanté de voir
sortir de l'urne électorale le nom de ces hommes
ennemis, sous tous les régimes, du pouvoir
absolu et des privilèges, devait nécessairement
employer tous les moyens imaginables de prévenir les résultats d'une loi qui enlève pour
toujours à la faction monarchique tout espoir,
en assurant, en conséquence, la tranquillité
future de la patrie. Il agissait dans ses intérêts,
sachant fort bien qu'il y allait de son existence.

____

(62) A Toulouse, aux dernières élections, les électeurs
ministériels votèrent avec les *ultrà* royalistes contre les libéraux, et contribuèrent ainsi à l'élection d'un des membres
de cette *chambre introuvable*, frappée par l'acte royal du 5
septembre 1816.

Mais le ministère actuel pouvait-il, sans rougir de lui-même, tenir la même conduite, et préparer ainsi sa propre ruine et de nouvelles alarmes à son malheureux pays ? Je dis sa propre ruine ; en effet, dans l'état actuel des choses, il ne peut exister aucune réconciliation sincère entre nos ministres et la faction.

Nos ultras, pour ressaisir le pouvoir, consentiraient volontiers à le partager d'abord ; mais, une fois maîtres d'une partie du terrain, ils le seraient bientôt de tout. Le ministère ne tarderait donc pas à payer chèrement son inconcevable imprudence. Malgré son repentir, ses promesses et la plus basse soumission à ses caprices, la faction lui demanderait compte et de l'ordonnance du 5 septembre et des lois sur les élections, le recrutement, voire même (63) l'ordonnance du 5 mars 1819 ; car qui ne sait que les vengeances d'une minorité sont toujours en raison de sa faiblesse ; et, existe-t-il une minorité plus faible que la faction monarchique.

Un ministère éclairé, un ministère qui aurait eu la conviction de ces deux premiers devoirs, la sécurité du trône et le bonheur de la patrie, devait aux dernières élections seconder les

___

(63) S'il était permis de juger, par les antécédents, la conduite que va tenir la majorité de la chambre des pairs, relativement aux désastreux projets que le ministère annonce ; on pourrait affirmer que l'ordonnance du 5 mars 1819, loin de donner de nouveaux défenseurs aux libertés nationales, comme on paraissait le vouloir, n'a fait qu'apporter de nouveaux renforts aux chauds partisans de la proposition du vieux directeur de la république. Dans ce cas, la faction monarchique, loin de faire de l'ordonnance du 5 mars 1819 un sujet de blâme contre le ministre Decazes, devrait lui voter des remercîments.

généreux efforts des amis de la liberté, ou observer du moins une parfaite neutralité entre eux
et les hommes monarchiques; les électeurs indépendants ne demandaient qu'à se voir aban-
donnés à leurs propres forces.

Je sais que, dans tout gouvernement libre
il est naturel de voir employer les brigues;
tous les partis, et le ministère en est un,
peuvent user de tous les moyens compatibles
avec les lois et la morale, pour s'assurer de
la victoire.

Mais, dans la singulière position où se
trouvait le ministère, quel bien pouvait il espérer de son opposition aux électeurs libéraux,
en portant ses suffrages sur des ministériels,
et, en désespoir de cause, sur des hommes
de la faction? On vient de voir qu'en agissan
ainsi, il hâtait sa propre ruine, et qu'il rap-
pellait de nouveaux outrages sur la France. On
connaît tous les malheurs occasionnés en 1815
par la faction monarchique. En voyant reparaître les mêmes hommes, peut-on blâmer la
France de concevoir de nouvelles et trop justes
craintes?

Relativement aux ministériels, on ne peut
encore s'empêcher de gémir sur la déplorable
erreur du ministère, erreur qui ne peut être
funeste qu'à lui-même.

En effet, quelle confiance pouvaient lui
inspirer ces hommes, qui ne connaissent pas
le prix de la vertueuse indépendance? Croyait-il
perpétuer toujours leur soumission à ses volontés, par le continuel appât de la fortune
et des honneurs? Ces hommes, assez vils

pour se vendre, n'auront-ils jamais la pensée de devenir ingrats? Ne travailleront-ils pas en secret à renverser ceux-là même qui leur ont ouvert les portes du pouvoir? L'expérience n'a-t-elle pas prouvé la mesure de confiance qu'on pouvait accorder à messieurs du centre? Le ministère ignorait-il que *tel honorable député* assis, au commencement de la session, derrière le banc ministériel, se trouvait placé au côté droit de l'assemblée à la fin de la même session.

D'aussi justes considérations n'ont fait aucune impression sur nos hommes d'état ; mais les amis de la charte et de la royauté ont su déjouer toutes ces criminelles manœuvres.

Nobles électeurs, vous qui tenez dans vos mains le bonheur de la patrie, recevez ici l'hommage d'un ami de la liberté. Vous avez dignement rempli votre mission ; ce qui s'était passé aux élections précédentes, ce que vous avez entendu depuis à la tribune nationale, vous ont dicté vos votes patriotiques.

Vous avez écarté de la représentation nationale ces hommes qui niaient, avec une rare impudeur, le gouvernement représentatif formellement établi par la loi fondamentale, ou qui osaient soutenir que l'opinion publique n'était qu'une chimère ; et, pernicieux conseillers autant qu'infidèles mandataires, invitaient le gouvernement du roi à se placer au-dessus d'elle.

D'autres ont obtenu de vous la même justice. Vous vous êtes rappelé leurs votes en faveur des lois d'exception, leurs discours contre les malheureux proscrits; vous avez choisi, enfin, pour députés des hommes dignes de siéger à-côté des Chauvelin, des Lafayette et de tous ces autres courageux mandataires de la nation : vous avez bien mérité de vos concitoyens et de votre roi constitutionnel.

CHAPITRE XIV.

LE MINISTÈRE ACTUEL DEVAIT RETIRER AUX HOMMES DE LA FACTION TOUS LES EMPLOIS DONT ILS S'ÉTAIENT EMPARÉS A LA DÉSASTREUSE ÉPOQUE DE 1815.

Pour faire disparaître l'horrible souvenir de la tyrannie de 1815, et pour préserver a jamais la nation française du retour d'un tel fléau, il ne suffisait pas au ministère de seconder avec franchise le choix de députés ennemis de tous les genres de despotisme. Il est vrai qu'il acquérait par là quelque droit à la confiance d'un grand peuple ; mais pour l'obtenir tout entière , il lui restait quelques mesures salutaires à prendre , et la première était d'éliminer les *honnêtes gens* des fonctions publiques qu'ils pouvaient posséder encore.

A ces paroles j'entends les hommes de la faction pousser des hurlements de rage , crier, selon leur coutume, au jacobinisme, au bonapartisme (64), expressions qui, comme on

(64) Il existe un mot que je crois inutile de donner , parce que chacun le devinera facilement, qui ferait à merveille le pendant de celui de jacobinisme ; mais patience ,

le voit, ont entre eux autant de ressemblance que les mots déiste et athée, me dénoncer enfin , comme l'ennemi déclaré du *trône* et de l'*autel*. Car on sait que, dans le langage de ces messieurs, ces deux mots sont inséparables ; et, certes, on aurait très-grand tort de les blâmer de leur tendre attachement à la religion de nos pères. Quel chrétien éclairé sur ses devoirs, et qui chérit sa *religion* comme la *seule humaine*, la *seule libérale*, et par conséquent la *seule véritable*, pourrait la méconnaître dans ces hommes qui ont dressé, naguères, des tables de proscriptions, ressuscité, sous le nom de cours prévôtales , les tribunaux révolutionnaires , et marché, dans certaines contrées, sur les nobles traces des Fouquet-Tainville et des Collot-d'Herbois ! N'étaient-ils pas, enfin, bien imbus des préceptes divins de l'évangile, ceux-là qui firent tomber la tête d'un enfant de seize ans devant la maison de sa mère , et qui condamnèrent ensuite cette femme infortunée à une forte amende , sans doute pour se dédommager des frais de l'exécution? Certaines personnes pourraient peut-être penser que de tels actes, le dernier sur-tout , ne sont pas commandés par le sublime auteur d'une religion de paix et de charité. Ils pourraient se rappeler que ces individus ont commis une action semblable à celle de Tibère, d'exécrable mémoire,

---

l'inexorable histoire en prouvera l'affreuse fraternité aux yeux de la postérité , et vous serez sans doute dignes de cette instruction , descendants éclairés de ces hommes heureusement en si petit nombre aujourd'hui, et qui, dans leur fatale erreur , croient encore à certaines vertus sociales et religieuses des *honnétes gens* de notre époque.

qui fit périr sur l'échafaud les enfants de l'infâme Séjan son favori , exécution que les Romains, tout payens qu'ils étaient, ne virent qu'avec horreur. Mais ne chicanons pas sur les termes ; convenons même avec ces messieurs qu'ils sont aussi bons amis de la royauté qu'adorateurs sincères de la religion chrétienne : nous pouvons leur accorder cette vertu , puisque nous leur avons déjà passé le titre *d'honnêtes gens* : ce mot seul ne renferme-t-il pas tout ? Cette concession de ma part ne détruira pas la nécessité où se trouvait le ministère actuel *de purger* toutes les administrations des fauteurs, instigateurs et agents de la réaction de 1815. Je vois d'ici tous les écrivains de la faction depuis un noble vicomte jusqu'à l'ignoble rédacteur du *Drapeau blanc*, tailler leurs plumes vénales pour me prouver que je n'entends pas la Charte, puisque je suis d'avis de condamner une classe entière de citoyens à *une espèce* de mort politique : il va m'être facile de répondre à ce reproche et à tout autre de même nature.

D'abord je serais peut-être en droit de demander avec quelque avantage s'il convient aux hommes qui ont ou conseillé , ou ordonné , ou exécuté ces lois et actes qui ont opprimé la patrie en 1815, d'invoquer aujourd'hui en leur faveur les principes de justice et d'équité qu'ils méconnaissaient à cette époque? Peut-être serais-je en droit de demander encore, et toujours avec le même avantage , si ce ne serait pas, au reste, user de justes représailles que

(82)

d'éliminer ceux-là mêmes qui ont obtenu et profité de près de quatre cent mille destitutions ? Peut-être pourrais-je demander encore, s'il ne serait pas dans les véritables intérêts de l'état de rappeler aux emplois, dont on n'aurait jamais dû les dépouiller, des citoyens qui avaient en leur faveur une longue expérience de l'administration ? Mais je veux bien passer sous silence ces considérations, pour ne m'occuper que d'une seule qui, par son importance, les efface toutes. Je vais la développer du mieux qu'il me sera possible.

En rappelant au ministère actuel ce qu'il devait faire à ce sujet dans l'intérêt de la nation, du trône et de lui-même, et par conséquent, en invitant les ministres futurs à réparer cette lourde faute de leurs prédécesseurs, loin de ne pas comprendre la charte, je prétends au contraire en assurer la parfaite exécution.

En effet, s'il est de toute vérité qu'un gouvernement entaché même du plus affreux despotisme ne peut, sans être accusé de démence, choisir, pour instruments de sa tyrannie, les hommes connus par leur probité, leur honneur, et sur-tout leur profonde aversion pour la servitude, peut-on concevoir qu'un gouvernement fondé sur la raison puisse déléguer une portion de son pouvoir constitutionnel, quelque petite qu'elle soit, aux hommes ennemis de la liberté, qui pourraient faire de cette portion de pouvoir un si dangereux usage ?

Dans l'espèce ci-dessus le despotisme, en choisissant *de dignes instruments de ses fureurs*, obéit à cette loi naturelle qui veut que tout ce

qui existe tende à se conserver. Voilà où gît
tout son mérite ; car , à dieu ne plaise de vouloir
déplorer son erreur dans la supposition contraire ! un ami de la liberté ne peut toujours
qu'applaudir à sa chûte. Mais le gouvernement
national , non seulement en déléguant aux
hommes ses sincères partisans par intérêt ou
conviction, les pouvoirs légaux qu'il ne peut
exercer lui-même , obéit à la loi de nature ,
mais il remplit encore le plus saint des devoirs,
en défendant les intérêts des peuples.

Ceci posé, cette question peut être ramenée
à ces termes : un gouvernement constitutionnel
peut-il, sans danger pour les lois fondamentales,
en confier l'exécution à ceux-là mêmes qui sont
intéressés à les détruire ?

Je répondrai avec toutes les personnes sensées,
qu'en agissant de la sorte, ce gouvernement
donne les marques certaines de la plus étrange
folie, en montrant qu'il préfère courir au
milieu des précipices au risque de tomber dans
l'abîme, plutôt que de marcher d'un pas assuré
sur un terrain solide. Faisons sentir cette vérité
par un mémorable exemple.

Après la révolution du 5 septembre , le
ministère d'alors , forcé par la volonté de notre
roi d'embrasser quelques conséquences de
cet acte de haute sagesse, voulut exiger enfin
de ses agents un peu plus de respect pour
nos institutions. Quelle résistance n'éprou-
va - t - il pas de la part des hommes monarchiques investis de quelque pouvoir ! Qu'on
se donne le plaisir de lire l'éloquent discours
de M. Camille - Jordan , en réponse aux attaques de M. Crignon d'Auzoer, relativement aux

déplorables affaires de Lyon , on aura la juste idée du péril que courent les lois fondamentales d'un peuple , lorsque l'observation en est confiée à des mains ennemies. L'honorable député , en dévoilant à la tribune nationale les manœuvres de la faction dirigées contre l'ordonnance du 5 septembre et la loi des élections , a mis ce péril dans tout son jour. Si , depuis cette époque , la France a joui de quelque repos , elle ne doit l'attribuer qu'à la sagesse du prince et à sa résolution connue de vouloir gouverner par la loi fondamentale : mais le ministère actuel , par sa lenteur à opérer quelque bien , a fait renaître de vives alarmes ; car , si quelques monarchiques ont été *remerciés* , la nation voit encore en place un grand nombre de ces hommes qui n'attendent qu'un moment favorable *pour nous ramener aux douceurs de* 1815. Toutes ces inquiétudes ne seront dissipées que lorsqu'elle ne verra plus , parmi les fonctionnaires publics, un seul membre de cette faction , qui, selon l'expression d'un célèbre orateur , sillonna la France en 1815. La patrie attend cet autre bienfait de la sagesse du prince et de l'esprit éclairé du futur ministère.

CHAPITRE XV.

LE MINISTÈRE ACTUEL DEVAIT ANNULER L'ORDONNANCE DU 24 JUILLET , ET PROPOSER AUX CHAMBRES LE RAPPORT DE LA LOI *dite d'amnistie.*

Si jamais les excellences *qui gouvernent pour notre bonheur* (lisez, pour vous en convaincre,

l'estimable *Journal de Paris* et le docte *Courier*)
se sont lourdement trompées , c'est dans la
mémorable séance du 17 mai 1819.

Trente mille citoyens usent du droit légal
de pétition , pour demander à la chambre
nationale le rappel de tous les malheureux
proscrits. Nos hommes d'état, qui n'ont jamais
vu le danger là où il existait réellement ,
mais seulement là où il ne fut jamais , ont
traité du nom de factieux les pétitionnaires ,
parmi lesquels se trouvaient les noms les plus
recommandables ; les *enfants de la doctrine*
ont répété le mot ; le vénérable centre a suivi
cette noble impulsion , et le côté qui , dans
le temps , avait puissamment concouru à la
formation de cette loi d'amnistie, a fait chorus;
l'assemblée , je me trompe , la majorité de la
chambre , a passé à l'ordre du jour.

Les ministres ont prétendu que c'était une
attaque contre le gouvernement du roi , c'est-
à-dire, contre eux. Les pétitionnaires voulaient-
ils devenir ministres ? Et comme on doit toujours unir à sa cause une cause encore plus
auguste, ils ont affirmé que ces pétitions atta-
quaient la royauté elle-même. Je m'étonne alors
que nos hommes d'état n'aient pas fait mettre en
accusation, dans leurs départements respectifs, les
trente mille pétitionnaires. Comme on n'attaque
que pour renverser, *avec un peu de subtilité*
et nos lois sur le jury encore existantes , il me
semble qu'on aurait pu leur appliquer l'art. 87
du *Code pénal impérial....* Généreux et immortel
CAMBRONNE, c'est alors que vous auriez pu regretter d'*avoir été laissé pour mort* aux champs

de Waterloo! Mais, aussi, pourquoi n'avez-vous pas donné cette petite satisfaction à la *Quotidienne* et au *Journal des Débats*? (65)

Revenons à l'objet de ce chapitre. Depuis la séance du 17 mai 1819, j'ai voulu rechercher les motifs qui avaient pu engager le ministère à parler et agir de la sorte. Et j'avoue, à ma honte, que mes faibles lumières ne m'ont rien appris à ce sujet. Cependant, à l'entendre, la patrie et le trône étaient également intéressés au rejet de ces pétitions, et aucun discours des ministres et de leurs orateurs n'est venu confirmer cette étrange assertion.

Mais, disaient nos hommes d'état, *vous demandez le rappel des français désignés par l'ordonnance du 24 juillet, et*..... !

Nous demandons, pouvait-on leur répondre, l'abrogation de cette ordonnance, parce qu'étant prouvé de la manière la plus évidente, que nul complot n'a préparé le retour de Bonaparte, les hommes qu'elle désigne sont innocents ; parce que si leur crime résulte de leur soumission au gouvernement du 20 mars, ils partagent ce tort avec vingt - huit millions de français ; parce que s'ils ont combattu les ennemis de la patrie, ils ont cela de

---

(65) La faction, par l'organe de ses vils journalistes, n'a-t-elle pas eu, à la face de l'Europe, l'inconcevable audace d'insulter, en 1819, le Bayard moderne ! J'étais à Paris à cette époque ; et, en ma double qualité de français et de nantais, j'allais répondre, lorsque je fus prévenu par M. le général Berton. Je crus alors inutile de joindre ma faible voix à celle de cet excellent citoyen.

commun avec toute la vieille armée et la nation
entiere qui applaudissait à leurs héroïques
efforts ; parce qu'en supposant même qu'ils
eussent mérité quelques peines (ce que nous
sommes bien loin de penser) un exil de quatre
années, et d'un pays tel que la France, est un
châtiment déjà trop rigoureux ; parce qu'enfin
nous sommes français et non ministres, et qu'en
qualité de français, nous avons des cœurs généreux.

Mais des régicides!........ Ministres d'un roi
constitutionnel, lisez au moins une fois dans
votre vie, et avec quelque attention l'article de
la loi fondamentale, qui prescrit l'oubli des
votes et des opinions ; et qui, par conséquent,
ne connaît pas de régicides. Il est vrai que
la mort de Louis fut un horrible attentat,
un grande calamité publique. Mais avez-vous
réfléchi sur la terreur qu'inspirait alors la
faction de Robespierre ? L'un de vous, cependant, avait dit , dans une autre séance, que
la convention nationale n'aurait pas commis un
pareil crime, si elle n'eût pas voté sous le
poignard des factieux. Alors pourquoi les qua-
lifier du nom exécrable d'assassins ? En tout
état de choses, est-il décent, humain, d'insulter au malheur? Sans doute, lorsque l'un de
vous était premier président d'une cour impériale, il écrivait d'un autre style *à son excellence monseigneur le duc d'Otrante*, et *à
monsieur le comte Merlin*. Peut-être que, sans
répugnance, il les appellait ses chers, ses
honorables amis.

Ils ont signé l'acte additionnel.....! Certes,
voilà un singulier prétexte , pour condamner

à l'exil éternel un nombre considérable de citoyens. Bannissez donc aussi et deux millions de français, et les armées de terre et de mer, qui l'ont signé; que dis je? épurez même votre conseil d'état et le collége de vos petits ministres. J'aperçois plus d'un coupable, puisqu'il est décidé, par vous, qu'on doit l'être; on sait que la justice ministérielle est infaillible.

Mais quittons, il en est temps, l'arme du ridicule, pour reprendre le ton qui nous convient. Je le répète donc, le ministère actuel n'avait aucun juste motif de rejeter les pé-titions. Examinons maintenant si cette conduite inconcevable n'a pas fait déchoir nos hommes d'état dans l'opinion publique. Ceci ne peut plus être mis en doute. Depuis le jour où le ministère prononça le fameux *jamais*, la nation s'est séparée des hommes d'état qui n'osaient ou ne voulaient pas réparer les calamités occasionnées par la faction. Elle a compris, tout aussitôt, cette nation, que le ministère marcherait péniblement sur les traces du précédent, et qu'il finirait par éprouver le même sort. Mais ici se présente une question de la plus haute importance : le ministère a-t-il agi dans l'intérêt du trône, ou bien a-t-il, dans cette circonstance, trahi ses devoirs les plus sacrés ? c'est ce qu'il convient d'examiner.

Si j'ai bien compris certains discours ministériels, ils s'accordent en ce point, que l'ordonnance du 24 juillet et la loi *dite d'amnistie* sont des actes personnels à Sa Majesté, et que c'était alors ainsi qu'en attaquant ces actes on attaquait la royauté elle-même. Si donc j'ai bien compris ces discours, le ministère a trahi alors et la nation et la royauté, en ne craignant pas de calomnier tout ce qu'il y a de plus auguste. Non, l'ordonnance du 24 juillet ne fut pas l'ouvrage de Sa Majesté. A dieu ne plaise que je fasse une telle injure à mon roi ! C'est uniquement l'œuvre de ce Fouché, qui, selon l'énergique expression d'un généreux guerrier, doit avoir le cœur éclairé par les torches des furies. Qui ne sait que, pour plaire à la faction qui l'avait porté au ministère, Fouché dressa lui-même ces tables fatales ? Par ce dernier acte de perfidie tout-à-fait digne de l'ancien compagnon de Collot-d'Hérbois, ce ministre croyait donner une preuve éclatante de son retour aux principes monarchiques. La faction ne fut pas long-temps reconnaissante ; et si quelque chose a pu consoler la patrie en deuil, ce fut le spectacle de sa honteuse chûte.

Quant à la prétendue loi d'amnistie, on sait tous les nobles efforts du monarque pour repousser les tentatives de la faction. La chambre introuvable prit l'initiative par voie d'amendements ; elle détruisit entièrement le projet de loi d'amnistie, et en fit une loi de proscription.

Je me résume : l'ordonnance du 24 juillet fut l'œuvre de Fouché ; et la loi prétendue d'amnistie appartient en entier à la faction. Disons-le hautement : il aurait fallu à Sa Majesté une force plus qu'humaine pour pouvoir, dans les circonstances critiques où l'on se trouvait alors, s'opposer aux fureurs des jacobins de dix-huit cent quinze. Maintenant, qui ne pourrait s'empêcher d'admirer la conduite magnanime de notre ministère, relativement à la chambre ardente et à M. Fouché? Depuis la révolution du 5 septembre, tous les devanciers de nos ministres actuels (et, certes, on ne peut les accuser ceux-là de libéralisme), par un reste de pudeur, flétrissaient, dans leurs discours, ces lois, soutiens d'une tyrannie effroyable, tout en profitant de ces mêmes actes pour augmenter leur pouvoir; bien plus, l'opinion les avait forcés jusqu'à un certain point de modifier, d'annuller même ces lois monstrueuses. C'est ainsi qu'on a vu disparaître et les cours prévôtales et la loi sur les suspects. Cependant, lors de la composition du dernier ministère, il restait encore deux actes illégaux de 1815, l'ordonnance du 24 juillet et la loi dite d'amnistie : la nation entière en demande l'annullation. Que fait alors notre ministère? Las du peu de popularité dont il se voyait environné, il saisit l'occasion pour s'en débarrasser. Il se constitue défenseur officieux de l'ancien proconsul de Ville-Affranchie (Lyon) et de ses dignes imitateurs à une époque plus récente ; et....... Je m'arrête, pour ne pas céder à une juste indignation. La France espère que le futur ministère, si l'on présente de nouvelles pétitions en faveur des malheureux proscrits, ne traitera pas de factieux des généreux citoyens, et qu'il saura dignement répondre au choix du monarque et à la confiance du peuple français.

CHAPITRE XVI.

Je viens d'indiquer les fautes principales commises par le ministère existant, fautes que n'auraient pu faire les ministres de 1814, et qui laissent sans excuse des hommes qui ne sont pas sans lumières et sans connaissance du gouvernement : je dis les principales, parce que notre ministère, qui ne vit qu'au jour le jour, n'a cessé jusqu'ici d'en commettre de nouvelles, conséquences naturelles des grandes fautes que je viens de dévoiler. Vouloir ici en donner le fastidieux détail, serait une entreprise au-dessus de mes forces, et qui ne pourrait que dégoûter mes lecteurs. Je crois donc devoir passer à d'autres objets de la plus haute importance.

Le ministère actuel a traversé une session entière ; et cependant, si nous en exceptons la loi sur la liberté de la presse, où l'on découvre encore quelques dispositions qui pourraient devenir fatales à la liberté, aucune autre loi nationale n'a été proposée ; et cependant les français demandaient comme aujourd'hui ces lois, conséquences et garanties de la charte.

Un magistrat célèbre a dit : « La loi constitutionnelle d'un état est l'exposé des droits dont l'universalité des citoyens est appelée à jouir. Les lois secondaires déterminent l'exercice de ses droits ; la première proclame les principes, la seconde en assure l'exécution.

(92)

« Tout peuple (ajoute-t-il) qui obtiendrait
une loi fondamentale et un gouvernement
représentatif , ne gagnerait donc rien à ce
changement, s'il conservait les lois secondaires
établies à l'époque de son asservissement
politique. »

Je crois utile d'ajouter ici que ce gouvernement ne serait qu'*un faux gouvernement libre*
si le peuple, en obtenant l'abrogation de ces
lois, n'obtenait encore toutes celles exécutrices
de sa constitution, ou ne rejetait celles qui
pourraient lui porter atteinte. Faisons sentir
ces vérités par des exemples...

En 1814, le peuple français avait une charte et
une forme de gouvernement représentatif; cette
constitution proclamait la liberté de la presse, &c.
Les ministres d'alors parviennent à obtenir
d'une faible représentation nationale une loi
destructive de la première de nos libertés. Je
le demande , le peuple français a-t-il joui, en
1814, d'un gouvernement véritablement libre ?
Poursuivons.

En 1815, la nation possédait la même charte
et la même forme de gouvernement. Cette
charte consacrait avec la liberté de la presse
la liberté individuelle, le jugement par jury,
et défendait l'exil sans jugement et la création
de tribunaux d'exception. Un parti intéressé
à détruire nos institutions nous enlève toutes
ces garanties ; la charte reste seule debout ;
et, je le demande encore , peut-on soutenir
que nous jouissions , à cette époque, d'un
gouvernement constitutionnel ?

Enfin, après l'ordonnance du 5 septembre, ce premier retour vers la justice et la liberté, c'est-à-dire, en 1816 et 1817, nous possédions encore et la même charte et la même forme de gouvernement ; mais qui ne sait que nous n'avions qu'un faux gouvernement, sous le despotisme ministériel soutenu par toutes ces lois d'exception.

Pourquoi cela ? C'est que (je le répète encore avec M. Beranger) c'est qu'un peuple posséderait inutilement une constitution, exposé de ses droits, s'il continuait à n'être régi que par des lois secondaires, en opposition directe avec les principes de cette constitution, ou s'il ne possédait aucune loi garantie de son exécution ; ou s'il souffrait enfin qu'on établît *de prétendus actes législatifs, destructifs de cette loi de ses lois.*

Maintenant si nous appliquons ces principes incontestables à notre situation présente, nous verrons facilement que le *ministère futur,* pour seconder les royales intentions du législateur qui, en nous donnant sa Charte, *a voulu nous faire jouir de tous les avantages qui en découlent,* devra se hâter de présenter à l'acceptation des chambres ces lois salutaires dont l'absence a causé tant de malheurs à ma patrie.

Nous possédons déjà une bonne loi des élections, une loi tolérable sur la liberté de la presse ; la France attend pour complément de ses garanties, d'excellentes lois sur la responsabilité ministérielle et sur celle des agents inférieurs de l'autorité, sur l'organisation des gardes nationales civiques, et la révision de toutes nos lois criminelles : ce qui va faire le sujet des trois chapitres suivants.

CHAPITRE XVII.

LE FUTUR MINISTÈRE DEVRA SE HATER DE PRÉSENTER A L'ACCEPTATION DES CHAMBRES UNE BONNE LOI SUR LA RESPONSABILITÉ DES MINISTRES ET DE LEURS AGENTS.

LE systême représentatif, ce chef-d'œuvre trouvé dans les forêts de la Germanie (Montesquieu, *Esprit des Lois*, *liv. XI, chap. VI*, *page* 333), et qui a fourni à cet écrivain célèbre l'un des plus beaux chapitres de son immortel ouvrage, est aujourd'hui, sans contredit, la meilleure forme de gouvernement pour les peuples possesseurs d'un vaste territoire. C'est à tort que certains écrivains du dernier siècle, qui voulaient réaliser le rêve de Platon, ce systême absurde par lui-même, impraticable dans l'exécution, ont reproché à ce grand homme la préférence marquée qu'il donne à ce gouvernement sur tous les autres. Montesquieu qui, par son génie, devançait son siècle, prévoyait le moment où tous les souverains de l'Europe se verraient obligés, autant pour leur sécurité que pour celle de leurs peuples, de mettre leur puissance sous la sauve-garde du gouvernement constitutionnel. (66) Montesquieu ne s'est pas trompé; déjà beaucoup de

____

(66) La république pure ne peut jamais convenir qu'à de petits états. Elle peut, là seulement, faire le bonheur des citoyens, et régner sans péril. Mais chez les grandes nations, dans un état de vingt-huit millions d'hommes, par exemple, cette forme de gouvernement ne peut que dégénérer en anarchie ou en despotisme. L'histoire d'Athènes, de Rome, de Carthage, etc., le prouve assez. Mais, me dira-t-on, nous avons

souverains éclairés ont fait un nouveau pacte
d'alliance avec leurs sujets, désormais indes-
tructible. Si quelques-uns d'entre eux, trompés
par les clameurs ou les perfides conseils des
restes de la faction féodale, qui jadis dévorait
l'Europe, apportent quelque lenteur à remplir
leurs promesses les plus solemnelles, qui ne sait
qu'ils compromettent chaque jour leur puissance
même, sans arrêter pour cela les progrès de
l'opinion publique.

Le nom de ces rois qui, malgré les vains
murmures de l'olygarchie et les sourdes menées
d'un clergé papiste, se sont sagement con-
formés au vœu de cette opinion, en faisant
jouir leurs peuples des avantages d'une constitution libre, sera à jamais gravé dans la mémoire
des hommes ; et tandis que le temps où de justes
vengeances s'apprêtent à renverser les marbres
élevés par la terreur et la flatterie à des tyrans
imbécilles, à des conquérants sanguinaires, le
front de ces restaurateurs de la liberté restera
couronné de palmes immortelles.

Pour revenir au sujet de ce chapitre, le même
écrivain, dans un autre passage, s'écrie avec

---

sous les yeux la preuve contraire de ce que vous avancez. Voyez
la république des Etats-Unis qui possède un pays immense,
et déjà une grande population. Je repondrai à cela qu'un
tel exemple ne détruit pas mon assertion. Ce peuple est
encore neuf, et malgré sa population, il possède d'immenses
terrains encore incultes. Laissez défricher tout le sol, comme
en Europe ; et lorsque les citoyens se sentiront plus serrés,
lorsque de plus grands besoins se feront alors sentir, cet
état sera contraint de confier au gouvernement monarchique-
constitutionnel le dépôt des libertés publiques. Cette idée
pourra paraître ridicule à certains esprits, mais l'avenir
prouvera si j'ai eu tort d'avancer cette opinion.

l'accent de la douleur, relativement aux causes
de destruction d'un gouvernement représentatif : « Il périra! Rome, Lacédemone et Carthage
ont bien péri. Il périra, lorsque la puissance législative sera plus corrompue que
l'exécutrice (67). »

On voit que ce grand homme connaissait
à fond la nature et les conditions d'existence du
gouvernement représentatif. En effet, lorsque la
puissance législative, qui, dans un tel système,
est non seulement indépendante du pouvoir
exécutif, mais qui doit posséder encore une
certaine inspection sur toutes les parties de
la machine politique, se laisse à la fin corrompre, ce gouvernement, en conservant les
mêmes formes légales, dégénère en un affreux
despotisme inséparable d'un faux gouvernement
libre ; ce n'est plus, alors, comme je l'ai déjà
dit, qu'une véritable jonglerie politique. Cette
catastrophe arrive presque toujours, lorsque le
peuple, averti du danger (68), ne peut plus

---

(67) *Esprit des Lois*, *liv. XI, chap. VI, page* 333. Cette
prédiction de Montesquieu commence à se vérifier aujourd'hui
même. Le peuple anglais, accablé sous le poids d'une dette
effrayante, fruit de guerres longues et désastreuses, et de la
corruption des deux chambres législatives, marche à grands
pas vers sa ruine : son gouvernement appelle en vain à son
secours des lois repressives et des soldats pour les faire exécuter ; ces moyens ne feront qu'accélérer sa chûte.

(68) Le peuple anglais est réduit à cette extrémité de ne
pouvoir échapper aujourd'hui, par des moyens légaux, à
la servitude qui le menace. La liberté de la presse vient
de recevoir déjà de graves atteintes. Les élections nouvelles
tournent contre sa liberté, et une armée permanente est
disposée à exécuter les desseins de ceux qui la paient. Dans
cet état de choses une révolution est inévitable.

ŏbtenir, par la liberté de la presse, le redres-
sement de ses griefs; par une bonne loi d'élections, la composition d'une nouvelle législature; et par une loi *réelle* sur la responsabilité
des ministres, le châtiment exemplaire de ceux
d'entre eux qui voudraient attenter aux libertés
de la nation.

Il suit, de tout ceci, que la liberté de la
presse est la première condition d'un gouvernement représentatif; qu'une bonne loi des
élections est la seconde, et qu'une loi *réelle*
sur la responsabilité des ministres en est le
complément (69).

En effet, c'est inutilement que la liberté de
la presse éclairerait les citoyens sur les empié-
tements du pouvoir ministériel, sur les actes
arbitraires, sur ses crimes même; c'est inutilement encore qu'une bonne loi des élections
amenerait en majorité, dans le sein de la représentation nationale, des hommes disposés à
demander la répression de ces attentats, si la

---

(69) Dans l'espoir de parvenir à la puissance du ministère
anglais, le nôtre veut renverser la loi des élections, pour gouverner en maître une chambre vendue à tous ses caprices. Le
premier, satisfait jusqu'ici de sa majorité permanente, n'a
pas daigné porter de trop rudes coups à la liberté de la
pensée. Accoutumé depuis long-temps à entendre sans cesse
les criailleries du peuple, il ne l'écoute plus, et il va
son train. Mais nos ministres actuels, qui ne sont que des
enfants en comparaison des hommes d'état d'Angleterre, pourraient bien, par crainte, avoir la fantaisie de parler tous seuls.
Il est hors de doute que la liberté de la presse serait
bientôt étouffée après le renversement de la loi des élections.
Admirons donc la sagacité de nos ministres: ils veulent commencer par où le gouvernement anglais finit; ils veulent
aussi eux des bourgs pourris; ô les honnêtes citoyens! ô les
bons serviteurs de la royauté!

nation, par ses représentants, n'avait pas dans ses mains le meilleur moyen d'obtenir une éclatante réparation. L'opinion pourrait importuner, il est vrai, mais ne ferait pas pâlir un ministre puissant et sans pudeur.

Qu'un membre du ministère actuel, pour se dispenser de présenter un projet de loi à ce sujet, ait cru devoir vanter outre mesure, à la tribune nationale, l'efficacité de la *responsabilité morale*, son avantage même sur la responsabilité légale, personne ne s'est laissé entraîner par les paroles du noble orateur. On savait que le ministre avait quelques justes motifs (70) de déployer, pour soutenir ce paradoxe, tous les trésors de sa rare éloquence. Qu'est-ce, en effet, que cette *sainte responsabilité morale?* un vain mot, et rien de plus. Les parents des victimes des assassins de l'ouest et du midi, qui sont encore réduits à demander justice au conseil d'état de ce même ministère, coupable au moins de n'avoir pas prévenu de pareils forfaits, donnent ici le degré de confiance qu'on peut accorder à cette assertion ministérielle.

---

(70) Pour justifier ses attaques contre la meilleure de nos lois, le ministère met en avant les motifs les plus respectables. Cela devait être ainsi. A l'entendre il ne s'agit donc que de sauver le trône et la liberté, la liberté et le trône. J'avoue que je suis tout aussi disposé qu'un autre à croire là-dessus à la sincérité de nos hommes d'état; mais quelques gens malins ne pourraient-ils pas dire : en se constituant l'ennemi juré de la loi des élections, le ministère veut arrêter dans sa marche salutaire le gouvernement représentatif. Par le renversement de cette loi, il veut obtenir *un brevet d'impunité* pour certaines conspirations, certaines dépêches télégraphiques, dont *l'honorable* vicomte de Donnadieu nous a révélé l'existence.

Une bonne loi sur la responsabilité du pouvoir exécutif, réclamée depuis long-temps d'un accord unanime, est donc aujourd'hui plus que jamais indispensable à l'existence et à la marche du système représentatif. Je dis une bonne loi ; car, loin de remplir les espérances de la nation, elle deviendrait, entre les mains des ministres, une loi d'impunité, si elle n'était pas précise et exécutable dans toutes ses dispositions. Or, un tel malheur arriverait cependant :

1º Si elle ne traitait pas également de la responsabilité des agents inférieurs, depuis le préfet jusqu'au garde-champêtre inclusivement ;

2º Si les différents genres de délits que les ministres peuvent commettre n'étaient pas clairement désignés ;

3º Si, pour la poursuite de ces délits, la loi établissait des formalités d'une lenteur désespérante, pendant lesquelles le ministre coupable pourrait échapper au châtiment mérité ;

4º Enfin, si elle appliquait au ministre déclaré coupable une peine qui ne serait plus en proportion avec le délit même.

Examinons maintenant tous ces différents cas.

1º *Si elle ne traitait pas également de la responsabilité des agents inférieurs, depuis le préfet jusqu'au garde-champêtre inclusivement.*

En effet, si le ministère, en proposant une loi sur sa propre responsabilité, gardait le silence sur les délits dont ses nombreux agents pourraient se rendre coupables, et sur les peines qui, dans ces différents cas, leur seraient justement applicables ; il ne proposerait qu'une loi destructive de ce principe de responsabilité, consacré par l'article 13 de la charte constitutionnelle. Les ministres, seuls agents responsables aux yeux de la loi, trouveraient alors le moyen de l'éluder toujours ; le télégraphe et les autres *instruments muets* du pouvoir seraient plus que suffisants pour les garantir des dangers de toute accusation. Les terribles années que nous venons de parcourir (1815 entre autres) attesteront à jamais la vérité de ce qu'ici nous ne laissons qu'entrevoir ; et quand même les ministres présents et futurs seraient justes et éclairés sur leurs devoirs comme sur les droits des citoyens, ne sait-on pas, par expérience, qu'il n'y a pas de pire tyrannie que celle qui est exercée par des subalternes. N'a-t-on pas vu, en 1815 (je cite cette époque toujours avec regret), des hommes respectables, dont le ministère d'alors autorisait la résidence dans la capitale, n'arriver dans les lieux de leur naissance que pour se voir dénoncés, inquiétés, mis en surveillance, emprisonnés, exilés même par les autorités inférieures? Je cite, il est vrai, un temps où il n'existait ni liberté, ni justice, et qui accuse à jamais l'absence de ces lois que je réclame ici ; mais c'est une raison de plus pour demander les garanties qui seules peuvent empêcher le retour de ces calamités.

Je le répète donc : si la loi sur la responsabilité du pouvoir n'atteint pas les ministres et leurs agents, elle ne pourra que les encourager à commettre sans cesse de nouveaux attentats,

2° Si les différents genres de délits que les ministres peuvent commettre n'étaient pas clairement désignés.

L'article 13 de la charte constitutionnelle porte *que les ministres sont responsables;* l'article 56 ajoute : *ils ne pourront être accusés que pour fait de trahison ou de concussion. Des lois particulières spécifieront cette nature de délits et en détermineront la poursuite.*

C'est donc au législateur à se pénétrer de l'esprit de ces deux articles. Il doit savoir que, s'il se propose par une loi sur la responsabilité des ministres la punition de leurs délits, et par conséquent la stabilité du trône et de la liberté, il pourrait les mettre en péril en généralisant ou particularisant trop ces différents cas. C'est ici qu'il peut mettre à profit cette ancienne maxime : *in medio stat virtus.*

3° Si, pour la poursuite de ces délits, la loi établissait des formalités d'une lenteur désespérante, pendant lesquelles le ministre coupable pourrait échapper au châtiment mérité.

On conçoit en effet que, s'il en était ainsi, un ministre coupable trouverait toujours le moyen d'éluder la loi. Pour prévenir ce malheur, il est donc nécessaire que la chambre des députés, sur la proposition d'un seul de ses membres tendant à la mise en accusation, prenne sur le champ une détermination quelconque, et la fasse exécuter aussitôt. Pour cela, il faut que la chambre des députés ait le droit de lancer un mandat d'amener contre le ministre accusé : c'est devant la chambre des pairs qu'on doit procéder avec cette sage lenteur, aussi favorable à l'innocent que terrible pour le coupable. Est-il nécesaire d'ajouter que, pour la poursuite de ces mêmes délits , commis par des agents inférieurs, on doit suivre les formes voulues par la loi pour tout citoyen.

4° Enfin, si elle appliquait au ministre déclaré coupable une peine qui ne serait plus en proportion avec le délit même.

En effet , il faut considérer d'abord avant tout que ; *dans un gouvernement véritablement constitutionnel, un ministre se trouve dans une position difficile qui , pour certaines fautes , exige plus d'indulgence que si elles étaient commises par un simple particulier.* Je dis pour certaines fautes; car si , par exemple, il voulait renverser la constitution , ou attenter à la sûreté du trône , il serait juste, dans ces deux cas; de lui appliquer la peine la plus sévère. Mais, pour tous les autres délits , il est également juste de lui tenir compte du rude métier qu'il exerce parfois. D'ailleurs, pour gouverner le vaisesau de l'état, un ministre qui ne peut tout connaître par lui-même , est obligé d'avoir recours à mille secours étrangers. Trompé par de faux rapports , il peut quelquefois se placer innocemment et de lui-même sous le coup de la loi,

Du reste, si le législateur établit des peines sévères pour la répression des délits ministériels , il manquera complétement son but: cette sévérité de la loi obligera les juges à prononcer l'acquittement du ministre , plutôt que de lui appliquer une peine excessive; et il arrivera ainsi que, loin d'être un frein salutaire, on ne fera que leur accorder encore une loi d'impunité. Il faut donc établir des peines douces : la dégradation civique, l'emprisonnement à temps, et, le plus souvent, la destitution provoquée par l'acte d'accusation même, sont des châtiments suffisants pour réprimer la plupart de ces délits.

CHAPITRE XVIII.

LE MINISTÈRE FUTUR DEVRA SE HÂTER DE PRÉSENTER A L'ACCEPTATION DES CHAMBRES UN BON PROJET DE LOI SUR L'ORGANISATION DÉFINITIVE DES GARDES NATIONALES.

Il n'y a pas de plus cruelle tyrannie, a dit encore Montesquieu, que celle que l'on exerce à l'ombre des lois et avec les couleurs de la justice, lorsqu'on va, pour ainsi dire, noyer des malheureux sur la planche même où ils s'étaient sauvés (71).

A l'exemple de Tibère, le gouvernement impérial, à-peine établi, s'empressa de dénaturer toutes les institutions chères au peuple français, et qu'il n'osait ouvertement détruire. C'est ainsi qu'il changea en instruments de despotisme les garanties données en faveur de la liberté.

La première de nos assemblées nationales, en instituant les gardes civiques, en avait fait

______

(71) *Grandeur et décadence des Romains, chap. XIV,* pages 152 *et* 153. Ce grand homme confirme ici ce que j'ai dit ci-dessus relativement aux effroyables calamités produites par un faux gouvernement libre.

le plus ferme rempart de la liberté. Le gouvernement impérial se hâta, par un sénatus-consulte, de détruire toutes les sages dispositions de cette loi, entre autres celle qui conférait aux citoyens le juste droit de choisir leurs officiers.

Par ce sénatus-consulte qu'un ex-ministre, sans doute par un sentiment de honte, a qualifié du titre d'*acte législatif*, le gouvernement impérial mit au plus grand jour tous les desseins qu'il méditait.

Dès-lors les gardes nationales civiques, qui, à l'aurore de la liberté, en avaient assuré le triomphe, ne furent plus animées du même esprit. La France, transformée en un vaste camp, put servir de malheureux projets de conquête; mais elle oublia bientôt, *pour une vaine gloire*, le prix inestimable de la liberté.

En 1815, le gouvernement impérial, vaincu une seconde fois par l'opinion, s'écroula; le régime constitutionnel de 1814 fut de nouveau rétabli. On sait que la faction ultrà-royaliste se servit habilement du sénatus-consulte de l'ex-empereur, pour satisfaire ses projets de vengeance et d'ambition.

En vertu de cet *acte législatif*, commenté par une ordonnance ministérielle, elle organisa une *prétendue* garde nationale, à qui elle donna pour chefs des hommes dévoués; assurée de cet appui, on sait combien, dans certaines contrées, elle se permit d'attentats. L'histoire dira quelles étaient ces gardes nationales d'Avignon, qui surent protéger si efficacement les jours d'un vieux guerrier dont la France déplore à jamais la perte.

Du reste, il est fort curieux d'examiner les moyens qu'employa la faction *pour organiser sa garde nationale* : presque tous les honnêtes citoyens furent désarmés dans le même instant. Si quelques-uns d'entre eux ne furent pas écartés, ce fut moins par sentiment de justice que par politique. Tous les hommes qui n'avaient à perdre ni fortune ni considération publique, des gens sans aveu, des repris même de justice, se virent revêtus de l'uniforme civique. Il est telle grande ville de France, que je pourrais citer, où l'on donna le scandaleux spectacle de l'*élimination* d'un respectable magistrat et de son fils, pour placer, dans la garde nationale, des hommes sans moralité ; où tels autres propriétaires, négociants, manufacturiers, se virent remplacés par des gens de la dernière classe de la société.

La faction, en déguisant en gardes nationaux les dignes agents de sa tyrannie, mit au grand jour et ses desseins et sa force. Elle se jugea elle-même, et dès-lors elle dut pressentir sa chûte.

En effet, la révolution du 5 septembre ne tarda pas à arriver. Il est juste de dire que, depuis cette époque, les divers ministères ont voulu revenir sur cette criante injustice, et éliminer de *la garde nationale* les hommes qui en faisaient l'opprobre. Mais les résistances qu'ils ont éprouvées doivent convaincre le futur ministère qu'il ne pourra différer long-temps la présentation d'un projet de loi à ce sujet. Le gouvernement assurera par là non seulement la tranquillité intérieure ; mais encore il placera la nation et la

royauté dans l'heureuse situation de n'avoir
rien à craindre de *tout danger extérieur*. L'expérience a prouvé que, pour conserver ou re-
conquerir l'indépendance, les armées permanentes sont insuffisantes; et ce serait tomber
dans la plus grave des erreurs, que de penser
pouvoir repousser, avec l'armée actuelle, de
nouvelles agressions.

Ce que le ministère ne pourrait espérer des
armées permanentes, il l'obtiendra des milices
nationales: en un moment, et au nom de la loi,
des millions de français seront debout; et c'est
au nom de cette chère patrie, et de ce trône
constitutionnel garant de son bonheur, que
ces armées de citoyens trouveront un courage
invincible.

CHAPITRE XXI.

LE FUTUR MINISTÈRE DEVRA S'EMPRESSER DE PROPOSER LA RÉVISION DE TOUTES NOS LOIS CRIMINELLES.

Pour former le caractère d'un peuple, a dit
Voltaire, le climat a quelque puissance; mais le
gouvernement et les lois en ont cent fois davantage. L'expérience prouve aujourd'hui que Montesquieu, tout génie immortel qu'il était, avait
tort, et que Voltaire avait raison. En effet, consultons l'histoire: dans le climat brûlant d'Italie,
une petite société s'élève, composée en partie
d'hommes bannis de la société pour leurs
crimes. On devait s'attendre que des hommes

accoutumés à braver tous les liens sociaux, tomberaient ou sous le joug du despotisme, ou seraient détruits par l'anarchie. Mais rien n'arrive de ce qu'il était raisonnable d'espérer; Rome appelle à son secours des institutions vigoureuses, et bientôt, sur une terre qui languit aujourd'hui dans le plus triste esclavage, un peuple généreux, guerrier, ami des lois, paraît, qui subjugua ses ennemis autant par ses vertus que par ses armes, et fait encore l'admiration de l'univers.

Sous un ciel encore plus brûlant, où tout invite à la mollesse, où tout combat pour le despotisme, Carthage, avec des lois différentes, mais fondées également sur la liberté, disputa l'empire du monde à cette Rome qui venait de triompher de tant de rois.

Si le climat était, je ne dis pas beaucoup mais seulement quelque chose, je demanderais pourquoi dans cette Grèce, jadis si florissante, on chercherait en vain aujourd'hui un seul de ces sentiments généreux qui rendirent les peuples de cette contrée si célèbres; cependant, aujourd'hui comme autrefois, c'est un des plus beaux pays de la terre. S'il en était ainsi de la religion, je demanderais encore que sont devenus les descendants de ces généreux bataves, qui surent éluder les efforts du vieux tyran Philippe II, et qui portèrent jusqu'aux extrémités du monde la gloire de leur patrie et le drapeau de la liberté. Cependant, aujourd'hui comme autrefois, la même religion existe dans ce pays; et l'on sait ce qu'il est de nos jours.

Je crois tout à fait inutile de donner d'autres citations à l'appui de cette vérité. Voltaire, en combattant l'opinion de Montesquieu, avait raison, sans toutefois être exempt lui-même d'erreur sur ce principe. Car il est vrai de dire, aujourd'hui plus que jamais, que la prospérité d'un peuple dépend en entier de la bonté de ses lois politiques et civiles.

Et qu'on ne s'y trompe pas, le despotisme a là-dessus un instinct admirable. C'est en créant de mauvaises lois, en dénaturant ou détruisant toutes celles qui pourraient prévenir la ruine de la liberté, qu'il se flatte de venir à bout de ses criminels desseins. Ceci peut être confirmé par plusieurs exemples.

Lorsque, sous Tibère, quelques sénateurs, encore dignes de l'ancienne Rome, proposèrent de créer une loi contre le luxe, ce tyran étouffa dans sa naissance une proposition qui pouvait déranger tous ses projets.

Sous Claudius, on proposa, dans le sénat, de punir les délateurs, quand ils seraient convaincus de fausse accusation ; ce prince, tout imbécille qu'il était, s'opposa avec la plus grande force à cette salutaire mesure.

Enfin, le gouvernement impérial, pour devenir absolu, appela à son secours des lois ennemies de toute liberté ; jusque dans le code civil on découvre ses intentions ; et c'est ici le moment d'exprimer la douleur que j'ai parfois ressentie en voyant des hommes, du reste fort estimables, honorer ce gouvernement de leurs regrets. Montesquieu, en parlant du contre-poids nécessaire dans une monarchie pure, présente à tort ou raison la noblesse comme ce contre-poids ; puis il ajoute : « Je sais que la noblesse est un mal ; mais le despotisme est une calamité si effroyable, que le mal même qui le limite est un bien. »

Hé bien ! je dirai aussi, moi, à ces hommes abusés : L'invasion de 1815 a causé à la patrie des maux effroyables ; mais la tyrannie impériale pesait tellement sur la France, que ces malheurs, tout affreux qu'ils soient, peuvent être considérés comme de grands biens, puisqu'ils ont occasionné sa chûte.

Relativement à la législation existante, quelle conduite doit donc tenir le gouvernement constitutionnel, qui ne peut et ne veut régner que *par de justes lois*, remparts les plus assurés de son existence ? une conduite tout-à-fait opposée à celle du gouvernement impérial.

Ce dernier (je le répète encore, pour que chacun s'en pénètre davantage) avait anéanti presque toutes les libertés publiques ; c'est à lui qu'il appartient de les relever toutes. Pour détourner la nation du hideux spectacle de son asservissement politique, ce gouvernement s'était servi de l'éclat de la victoire et des prestiges d'une bien vaine gloire. Mais un gouvernement fondé sur la raison n'a pas besoin de bercer les peuples d'illusions et de mensonges ; la seule gloire qu'il doive ambitionner, c'est de rendre un grand peuple heureux et libre.

Pour obtenir une telle gloire aux yeux de la philosophie, le ministère futur, outre les diverses mesures que je viens d'indiquer ci-dessus, doit, sans balancer, proposer la révision de toutes nos lois criminelles ; la charte, en abolissant la confiscation, a tracé la route qu'il doit suivre. Que, d'une main ferme et vigoureuse, il anéantisse les lois tyranniques éparses dans nos différents codes ! Pour lui inspirer ce courage, il suffit de lui rappeler que les contemporains le regardent et que la postérité l'attend.

D'abord, en ce qui concerne le code pénal, il demande une révision indispensable. On y voit presque par-tout des peines hors de proportion avec les délits ; on y lit presqu'à chaque page l'infâme peine de mort.

La peine de mort !............ Se peut-il qu'une telle peine puisse être maintenue ? Après la flétrissure que lui ont imprimée tant de beaux génies dans leurs ouvrages immortels, après les discours admirables prononcés à la tribune de la première de nos assemblées nationales, l'ami de la liberté, le vertueux citoyen peut-il avoir le moindre doute sur l'inutilité de cette peine (en tant que ce ne soit pas un crime de l'appliquer), sur son danger pour la morale, par cette dégradation publique de l'humanité entière, dans la personne d'un être que toutes les religions chrétiennes, que la voix de la philosophie présentent comme l'être par excellence, comme l'image vivante de la divinité (72) ? car, tout ceci a été démontré jusqu'à l'évidence. Mais je dirai seulement : Jetez les yeux sur les terribles années que nous venons de parcourir ;

____

(72) Où est la dignité de l'homme dans celui qu'on offre à plaisir à la risée, au mépris de ses semblables, pour lui faire, s'il m'est permis de parler ainsi, savourer la mort ?

et décidez , si vous l'osez , contre l'abolition d'une peine qui, pour l'honneur de l'humanité, devrait être effacée du code de tous les peuples civilisés.

En effet, qui ne sait que la peine de mort, dans les mains d'un tyran ou d'une faction sanguinaire , est l'instrument qu'ils ne cessent d'employer pour satisfaire leurs vengeances et parvenir à leur but, du jour que cette peine est appliquée à certains délits politiques. Quelque bien rédigée que soit la loi, elle laisse toujours assez de vague au profit de la tyrannie. Que d'exemples déplorables il me serait facile de donner à l'appui de cette vérité !

Je me résume, et je dis : l'infliction de la peine de mort est inutile pour la repression des crimes privés ; le spectacle d'un homme massacré de sang froid sur un échafaud, au milieu d'une place publique, loin de corriger, ne peut que détruire toute idée de justice et d'humanité. Que dis-je...... ! elle accoutume le peuple à voir sans horreur couler le sang humain ; elle le rend à la fin cruel. Cette peine avilit la dignité de l'homme, non seulement dans la personne du condamné, mais encore dans celle de tous les citoyens. Relativement à son application aux délits politiques, vous placez par cela seul, dans la main du pouvoir quel qu'il soit, l'arme la plus dangereuse contre la sécurité de la société entière.

Enfin, dans un pays comme la France, au dix-neuvième siècle , sous le règne d'une excellente constitution, le maintien de la peine

de mort est une monstruosité que nos législateurs doivent se hâter de faire disparaître. Puisse
ce vœu de mon cœur, qui est celui de l'humanité entière, se voir bientôt exaucé ! Il appartient à la France, heureuse et libre sous son
roi constitutionnel, de donner un tel exemple
aux autres peuples.

Une peine bien plus efficace, et compatible
du moins avec la sainte humanité, se trouve
sous la main du législateur. On sent que je
veux parler ici de la prison perpétuelle : les
plus grands hommes de l'antiquité ont reconnu
que c'était le frein le plus puissant que la
société pût opposer aux déréglements de
quelques-uns de ses membres. *Alter* (César)
disait Cicéron, en plein sénat romain, *alter
intelligit mortem à diis immortalibus non ut
supplicii causâ constitutam, sed aut necessi-
tatem naturæ, aut laborum ac miseriarum
quietem esse : itaque eam sapientes nunquam
inviti, fortes etiam sœpè libenter oppetiverunt :
vincula verò, et ea sempiterna certè ad singu-
larem pœnam nefarii sceleris, inventa sunt.*

Et qu'on ne s'y trompe pas, les hommes même
de la dernière classe de la société, qui seraient
tentés de commettre des crimes, en présence
des fers éternels qui les attendent reculeraient
bien plus épouvantés d'une peine qui est de
tous les instants, que de celle qui d'un moment
d'angoisse les fait passer, dans moins d'une
seconde, à l'éternel repos.

C'est en vain que l'on m'objectera que ces
hommes pourraient un jour briser leurs fers,
et épouvanter la société par de nouveaux forfaits.

Cette objection tombe d'elle-même. Le gouvernement constitutionnel n'a qu'à prendre, pour rassurer là-dessus les citoyens, les précautions usitées par les gouvernements absolus, pour *la garde de certaines prisons d'état*, et l'on pourra placer, sur les portes fatales, l'inscription que Le Dante a mise sur celle de son enfer :

Vous qui passez ici, perdez toute espérance.

Ajoutons que, par l'abolition de la peine de mort, on donne à la justice le moyen de revenir sur ses erreurs ; on ne verra plus alors de bien tristes réhabilitations, qui ne font que plus vivement sentir l'énormité de la faute.

Ajoutons encore qu'un homme mort n'est bon à rien ; et qu'un assassin, tout exécrable qu'il soit, peut être utile à la société.

Ajoutons enfin qu'un gouvernement fondé sur la raison, ne peut employer contre des hommes libres une loi faite dans le principe contre les esclaves. Le but de ce gouvernement étant de *prévenir*, et non de *punir*, ce n'est point par des peines insensées qu'il doit espérer rendre les hommes meilleurs, mais par la moralité de ses lois. Ne mériterait-il donc pas bien de l'humanité, le législateur qui proposerait de décréter une loi ainsi conçue : *la peine de mort est abolie à toujours* ; quiconque proposera de la rétablir, sera condamné à la dégradation civique.

Mais, hélas ! à l'exemple du bon abbé de Saint - Pierre, je m'aperçois que je ne fais ici que le rêve d'un honnête citoyen. D'anciens préjugés, une vieille routine, qui commandent encore aujourd'hui même alors qu'on paraît les mépriser, une lenteur inexplicable à opérer quelque bien, une obstination à vouloir conserver ce qui est mal, opposent un obstacle presque invincible à l'accomplissement de ce vœu de l'humanité entière. D'ailleurs, dans ce dix-neuvième siècle même, il se trouve encore des hommes qui sont persuadés que, pour gouverner les peuples, il faut sans cesse recourir à des moyens violents. Ces hommes, de la meilleure foi du monde dans leurs opinions, croyent qu'une société ne pourrait subsister si elle n'était pas étayée par le spectacle renaissant des échafauds, des bourreaux et d'une hache toujours sanglante. Supposant vrai ce qui est faux, croyant que l'homme naît avec le germe du mal, tandis qu'il est prouvé jusqu'à l'évidence qu'il n'apporte, en naissant, aucun principe bon ou mauvais, mais qu'il devient ce que le font les lois qui le régissent et l'exemple des hommes qu'il a continuellement devant les yeux; ils pensent que, pour comprimer ce principe pernicieux, qui n'existe pas dans son cœur, il faut frapper son imagination par des atrocités........... Ah ! du moins, législateurs de ma patrie, si vous ne croyez pas que le moment soit arrivé d'abolir l'infâme peine de mort, hâtez-vous d'effacer du code pénal ces *mutilations* qui la précèdent, horreurs ressuscitées des siècles barbares, et qui, aux yeux des sages de tous les pays, suffiraient pour déshonorer, non cette France qui en gémit, mais toute sa législation entachée déja de bien des vices.

Relativement aux lois sur la procédure criminelle, elles devront fixer encore davantage,
si cela est possible, l'attention de nos législateurs. Le gouvernement impérial a fait, de la
grande et salutaire institution du jury, une
commission à ses ordres; il appartient au gouvernement constitutionnel de lui rendre sa
pureté primitive, et d'en faire un des plus
solides appuis de la liberté. Le même gouvernement a fait de l'homme chargé de la poursuite des
délits un magistrat souvent odieux, toujours
suspect par la servilité de ses opinions. Pour
relever l'éclat d'une fonction publique aussi
importante, il faut la rendre indépendante
en la déclarant inamovible. Un président
de cour d'assises, s'il obéit à la loi, doit
agir souvent contre son cœur, en semant
des pièges sur les pas de l'accusé. Une aussi
noble fonction doit, comme aux Etats-Unis
et en Angleterre, être un gage de sécurité
pour l'accusé, s'il est innocent.

On voit que je ne fais qu'indiquer ici
quelques-uns des principaux vices de nos lois
criminelles, lois tout-à-fait opposées à l'esprit
de cette charte, puisqu'elles ont été établies
dans l'intérêt de la tyrannie, tandis que cette
dernière l'a été dans les intérêts de la liberté.
D'autres changements, d'autres améliorations
indispensables, et que je ne puis développer
dans cette brochure, se présenteront en foule
lors de la révision de cette partie de notre
législation. Le gouvernement constitutionnel
n'a qu'à s'armer de courage, s'il veut franchement porter la serpe dans cette forêt

d'injustices et d'iniquités qui menacent ,
aujourd'hui même, de détruire la liberté dont
nous commençons à jouir.

CHAPITRE XX.

Je viens d'indiquer rapidement les grandes
mesures que le gouvernement devra prendre
pour établir enfin la royauté et la liberté sur
des bases indestructibles. En réalisant les plus
chères espérances des bons citoyens, le *futur
ministère* aura sans doute beaucoup fait pour
sa gloire , mais il ne sera pas encore quitte
envers la patrie.

En effet, l'exécution de ces mesures serait
insuffisante, si le gouvernement, qui est placé
au sommet de l'édifice social, ne développait
encore dans le cœur de chaque citoyen un
amour pur et désintéressé pour la patrie ; ce
qui va faire la matière du chapitre suivant.

CHAPITRE XXI.

LE GOUVERNEMENT DU ROI DEVRA EMPLOYER SON INFLUENCE A
RÉPANDRE DANS LES DIFFÉRENTES CLASSES DE LA SOCIÉTÉ
L'AMOUR PUR ET DÉSINTÉRESSÉ DE LA PATRIE.

Louis XIV, *ce roi populaire* , suivant les
journaux monarchiques, disait à ses courtisans,
honnêtes gens de cette époque : l'état c'est MOI.

La pensée échappée à ce monarque a toujours été dans le cœur des despotes, qui tous sans exception ont agi d'après ce ridicule principe ; rapportant tout à eux - mêmes, nul d'entre eux n'a jamais paru se douter qu'on ne pouvait bien mériter de la société autrement qu'en servant leurs intérêts.

Qu'un citoyen fasse une action d'éclat, qui lui concilie tous les suffrages, si cette action paraît inutile aux passions ou à la vanité du despote, il n'en tiendra jamais aucun compte. Si néanmoins le peuple, révolté de l'injustice, murmure un peu trop haut en décernant une récompense, il ne la donne que *pour les bons et loyaux services rendus à lui-même.* L'état ne vient qu'après. Il n'a garde de prononcer le nom de patrie, c'est un mot rayé du dictionnaire de sa cour, *ou du moins qu'on ne met en avant que lorsqu'il y a péril.* Je parle des simples monarchies où règne quelque ombre de liberté ; car dans les gouvernements absolus, le mot patrie est totalement inconnu. Servir et mourir pour le tyran qui les opprime, c'est-là toute l'ambition de ces tristes esclaves.

Cependant, de toutes les vertus qui élèvent le cœur de l'homme, la plus puissante, sans contredit, est l'amour sacré de la patrie (73).

---

(73) Voltaire, ce colosse dont de vils pygmées s'efforcent aujourd'hui d'obscurcir la gloire, s'exprime en ces termes, dans ses Questions sur l'Encyclopédie, à l'article *patrie* : « Le premier qui a écrit que la patrie est partout où l'on se trouve bien, est je crois Euripide, dans son Phaëton. Mais le premier homme qui sortit du lieu de sa naissance, pour chercher ailleurs son bien-être, l'avait dit avant lui. » Ainsi, selon Voltaire, il n'existe pas réellement de patrie ; dans le cœur

Chez tous les peuples qui se sont rendus célèbres par leurs vertus publiques et privées, ce précieux sentiment fut la vertu dominante.

Si nous jettons les yeux sur les peuples de l'antiquité, sur les spartiates par exemple, nous verrons que le grand législateur Lycurgue fit de l'amour de la patrie le principal devoir du citoyen.

C'est l'amour de la patrie, mère incomparable, qui te dictait ces belles paroles adressées à ton

---

de l'homme cette conviction dépend des idées qu'il se forme du bonheur dont il jouit dans le lieu de sa naissance ou dont il peut jouir ailleurs. Il faut l'avouer, ce grand génie qui, dans presque tous ses immortels ouvrages, se constitue le défenseur des droits de l'humanité et de la liberté, ne se montre plus ici le même : il rappelle le flatteur malheureux d'une Catherine II, et l'injuste détracteur de ces généreux fédérés polonais qui défendaient, contre les projets de cette femme ambitieuse, *leur patrie* et leur liberté ; éloges et injurieuses assertions, dont Voltaire rougirait aujourd'hui........ Non, la patrie n'est pas un vain mot, elle existe : c'est le pays qui vous a donné naissance, où vous avez laissé de doux souvenirs. Sans doute, que des lois favorables à votre bonheur doivent vous y attacher davantage ; mais un homme vertueux ne peut l'oublier. Celui qui abandonne le pays qui l'a vu naître, d'où le rejette la misère ou la tyrannie, travaille dans une terre étrangère, dans l'espoir de le revoir un jour. Si la mort le surprend, son dernier soupir est encore pour lui. On sent que je parle ainsi des citoyens généreux, c'est-à-dire, de l'immense majorité d'un peuple. Car il existe, dans chaque nation, certains individus assez dégradés pour ne pas connaître un aussi doux sentiment, et c'est ce qui fait demander à Voltaire, dans le même article, quelle était la patrie des cardinaux de la Balue, Duprat, Lorraine et Mazarin. Ne pourrait-on pas s'écrier avec une égale justice : quelle patrie avez-vous, honnêtes gens de la faction monarchique qui, depuis trente ans, ne cessez d'appeller, sur la terre qui vous a vus naître, les armes de l'étranger, et qui, réduits aujourd'hui à vos propres forces, voulez du moins, dans votre rage impuissante et dans le désespoir de la détruire, mordre le sein de votre nourrice ?

fils qui se préparait au combat, en lui re-
mettant un bouclier : *reviens avec ou dessus.*

Et toi, généreux Léonidas, roi citoyen d'un
peuple libre, parle, dis-nous quels sentiments
pouvaient t'inspirer ton héroïque résolution ;
était-ce le vain désir si *recherché par nos héros
modernes*, de faire parvenir ton nom à la
postérité la plus reculée ? une telle considération
ne pouvait s'allier avec ta grande âme et ton éducation lacédémonienne : c'était l'amour ardent
de la patrie. Pour la sauver de la honte et des
malheurs de l'esclavage, tu voulus périr aux
Thermopyles ; et tu méritas que la Grèce reconnaissante gravât sur ton tombeau ces paroles
si belles dans leur simplicité : *Passant, va dire
à Lacédémone que nous sommes morts ici pour
obéir à ses justes lois.*

Si des Spartiates nous passons aux Romains, nous resterons également convaincus
que, dans les beaux jours de la république,
l'amour de la patrie était également en
honneur. C'est alors que l'on voyait, chaque
jour, éclater chez ce grand peuple quelques-
unes de ces actions sublimes que peut seul
faire naître ce précieux sentiment. Lorsqu'on lit,
dans les historiens, ces traits éclatants de courage
et de générosité, on sent ses yeux se mouiller
de larmes, et l'on rougit alors de vivre au
dix-neuvième siècle.

Aussi long-temps que les Romains conser-
vèrent cette précieuse vertu, aussi long-temps
ils furent invincibles ; mais, du jour que
chaque citoyen préféra son intérêt à l'intérêt
général, et qu'il dédaigna la robe de lin pour
celle de pourpre, la république fut perdue.

C'est alors que l'on vit les indignes descendants de ces généreux Romains qui avaient versé leur sang pour la patrie, ne pas rougir de tourner contre elle des armes acceptées pour sa défense. De là les guerres civiles de Marius et de Sylla, de César et de Pompée, les proscriptions d'Auguste, et enfin, la ruine entière de la liberté.

Rome a péri; mais, après avoir expié, par trois siècles de calamités, l'insigne lâcheté d'avoir abandonné la patrie; avant de disparaître, elle se vit la propriété de ses plus indignes citoyens, le jouet de leur despotisme et enfin la proie des nations barbares.

Il résulte. de tout ce qui précède, que là où l'amour de la patrie existe, là existent aussi gloire, honneur, indépendance; que là où ce sentiment n'existe pas, ou n'existe plus, il ne peut y avoir que bassesse, tyrannie et déshonneur.

Il importe donc au gouvernement constitutionnel de répandre de plus en plus, dans la masse du peuple, le culte de cette première vertu politique. Je sais bien que, pour y parvenir, le meilleur expédient est de gouverner, la charte devant les yeux; mais cela serait insuffisant, si le gouvernement du roi ne donnait encore à la nation un systême d'éducation publique en harmonie avec les lois fondamentales, et qui puisse la mettre à-même de les apprécier et de les chérir. En effet, c'est en vain qu'un législateur donnerait à un peuple abruti par un long despotisme les meilleures institutions; s'il n'en connaissait pas le prix, ces institutions seraient, à son égard. comme si elles n'existaient pas. C'est donc au gouvernement qu'il appartient d'en faire connaître les précieux avantages : il ne le peut que par les saines lumières que répandra progressivement, parmi les différentes classes de citoyens, un bon système d'enseignement. On sent que je veux parler ici de la nécessité où se trouvera le futur ministère d'abroger les lois et décrets qui, sous un gouvernement libre, propagent encore un système d'éducation tout-à-fait impérial.

Les gouvernements anciens, qui prétendaient avoir une origine céleste, et qui étaient parvenus, sans beaucoup de peine, à le persuader aux peuples soumis à leur puissance, n'avaient besoin, pour se faire obéir dans tous leurs caprices, que de cette croyance superstitieuse : ignorants, lâches et fanatiques, comment ces peuples auraient-ils pu posséder quelques notions de leurs droits, quelque courage pour les réclamer? Leurs monarques ne songèrent donc jamais à s'emparer d'avance de l'esprit de la jeunesse, par une éducation conforme à leurs désirs. Cette précaution était parfaitement inutile ; la lâcheté, l'ignorance et le fanatisme des pères leur répondaient assez des mêmes vices dans les enfants.

Mais, depuis la découverte de l'imprimerie, l'esprit d'étude et de réflexion, gagnant progressivement toutes les classes des sociétés, les gouvernements ne tardèrent pas à comprendre que, pour régner désormais selon leurs caprices, une vaine pompe, de ridicules croyances étaient hors de saison : ils sentirent que c'était dans le mal même qu'il fallait chercher le remède. Ils s'appliquèrent donc à corrompre, par une instruction servile, le cœur de la génération nouvelle ; tous, plus ou moins, travaillèrent à ce grand œuvre.

Le gouvernement impérial ne dédaigna pas cet autre moyen de cimenter son despotisme ; et l'on peut affirmer hardiment qu'il prit toutes les mesures convenables à ce sujet.

Il créa, sous le titre imposant d'*Université impériale*, un corps qui eut son général en chef, ses commandants, ses officiers, ses soldats, tous dépendants les uns des autres ; et le général en chef, comme de juste, prenait les ordres du gouvernement. Ce corps établit un monopole sur l'enseignement ; et jamais monopole plus lourd, plus humiliant n'a pesé sur aucun peuple. La première condition, dans celui qui désirait s'instruire, c'était d'être riche. Le despotisme n'ignorait pas qu'en répandant l'instruction dans la masse du peuple, il préparait des armes contre lui-même, puisqu'il donnait à la liberté de nombreux défenseurs. Le petit nombre eut donc seul la faculté de recevoir quelque enseignement ; et Dieu sait quel était cet enseignement que la jeunesse puisait dans les lycées impériaux !

Jamais corps ne montra autant de bassesse que l'*Université impériale* ; depuis le grand-maître jusqu'au dernier employé, tous secondèrent à l'envi les projets d'un pouvoir oppresseur. On peut dire d'eux ce que Tacite appliquait jadis aux sénateurs romains : *Ruebant in servitutem.* On ne mettait sous les yeux de la jeunesse que des livres remplis de maximes fausses et serviles. Pour leur travail ordinaire, ainsi que pour le sujet de leurs compositions, on se gardait bien de donner quelques-unes de ces actions sublimes si communes dans l'antiquité, et qui font verser des larmes délicieuses en commandant l'admiration ; c'étaient des vers à composer à l'occasion de la naissance de Sa Majesté impériale, à l'occasion de *son heureux avénement au trône ;* et cent autres sujets aussi *héroïques.* Enfin, si l'Université impériale n'est pas parvenue à soumettre la génération qui s'élève au culte de l'obéissance passive, n'en félicitons que ces jeunes français mêmes, qui, malgré tant de piéges tendus sur leurs pas, ont su connaître le prix de la liberté, et rejeter loin d'eux toute idée d'esclavage.

Et si quelques-uns de ces jeunes gens regrettent dans leur fatale erreur, le gouvernement précédent, ne sont-ils pas excusables aux yeux de la saine raison ? N'accusons d'un tel malheur que ces hommes *impériaux,* aujourd'hui, pour la plupart, si *monarchiques,* qui n'ont pas rougi d'employer l'influence de leur âge et de leur savoir, pour empoisonner le cœur des enfants de la patrie.

Le gouvernement impérial n'existe plus ; mais son système est encore en vigueur. Depuis 1814, la même faction, qui ne cesse de dire à qui veut l'entendre, qu'elle a en horreur Napoléon, n'a cependant pas cru devoir répudier son héritage. Ce monstrueux édifice est encore debout. O scandale !......... l'Université impériale domine encore sous le gouvernement constitutionnel de Louis !

Une telle organisation de l'instruction publique est incompatible avec nos institutions : le futur ministère devra donc se hâter de la faire disparaître. Mais, en donnant ce nouveau gage de ses bonnes intentions à un peuple reconnaissant, nos ministres doivent éviter avec soin d'obéir à un sentiment naturel aux hommes, et sur-tout aux hommes puissants. Je m'explique : il faut qu'ils renoncent courageusement à influencer, de quelque manière que ce soit, l'enseignement public. Qu'ils sachent que, si les gouvernements absolus, pour prolonger leur misérable existence, doivent nécessairement suivre une conduite opposée, les gouvernements fondés sur la raison ne peuvent les imiter, sans se mettre en opposition avec les premiers principes de leur constitution. Chez ces derniers, tout doit se réduire à laisser agir librement la nature.

Le choix de l'enseignement, dans un état libre, appartient aux parents, qui doivent tenir des lois, comme ils le tiennent de la nature, le droit incontestable d'instruire leurs enfants suivant la manière qu'ils pensent préférable pour assurer leur bonheur. Eh ! n'en doutons pas, ces tendres parents sauront bien faire naître, dans le cœur des êtres qui leur sont si chers, les principes de ces vertus qui seules rendent les peuples heureux et célèbres.

En remplissant ce dernier vœu de l'opinion, le gouvernement ne tardera pas à connaître les avantages qui en résulteront pour lui.

La grande majorité de la jeunesse, qui connaît le prix de la liberté, chérira le gouvernement qui s'en proclame le plus ferme appui. Ceux-là d'entre eux qui peuvent, grace aux leçons de leurs maîtres, regretter un pouvoir abattu, à la vue des biens infinis produits par cette liberté, apprendront également à chérir le gouvernement qui prouve, d'une manière si éclatante, qu'il veut, avant tout, obtenir l'honneur de commander à des hommes libres. Et c'est alors que, pour me servir des expressions d'un ministre déchu aujourd'hui dans l'opinion, dans le moment du péril, des millions de bras se leveraient, s'il le fallait, pour la défense du trône constitutionnel.

Puissent ce dernier souhait de mon cœur, et tous les autres que j'ai formés dans le cours de ce bien faible ouvrage, se voir bientôt réalisés! Puisse le nouveau ministère, mesurant de l'œil, avec le plus profond mépris, la déplorable route politique suivie par ses devanciers, se convaincre, une fois pour toutes, que, pour fermer la carrière dévorante des révolutions, il doit s'empresser de donner de solides garanties à nos institutions! Alors l'heureuse France obtiendra, de l'Europe, cette admiration qu'elle avait déjà conquise par ses armes. Elle seule aura la gloire immortelle d'avoir, par son exemple, hâté les progrès de la liberté. Car, si quelques souverains, abusés par de perfides conseils, veulent aujourd'hui la proscrire, s'ils parviennent même à la comprimer jusqu'à un certain point, la liberté brisera, tôt ou tard, les barrières

impuissantes que l'on oppose à son triomphe.
L'Europe, reconnaissante, chérira ce peuple
français que des victoires souvent injustes lui
avaient fait maudire; son nom ne sera plus
prononcé qu'avec respect, et accompagné de
vœux unanimes formés pour sa prospérité.
C'est alors que l'on pourra dire, avec le vertueux vieillard Siméon : « Vous pouvez m'appeler à vous! ô mon Dieu! puisque j'ai vu
reparaître le bonheur et la liberté sur la terre
sacrée de ma patrie ! »

Mais, hélas !........ tandis que, confiant dans
les promesses d'un roi, dans sa sagesse, dans
son attachement connu à la charte qui nous
régit, j'osais, moi chétif, élever la voix, pour
dénoncer au tribunal de l'opinion une faction
ennemie du bien public, pour défendre les
intérêts qui nous sont chers, cette même faction,
de concert cette fois avec un ministre qui ne
rougit pas aujourd'hui de rétracter ses actes et
ses discours, prélude à la ruine de nos lois
fondamentales, par la guerre à mort qu'elle
déclare à la loi des élections, que nous considérons comme le palladium de nos libertés.

Disons-le à haute voix (et cette effrayante
position ne peut qu'animer d'un nouveau zèle
les courageux défenseurs des droits de la nation),
disons-le à haute voix, jamais, depuis 1814,
la patrie n'a couru un aussi grand péril, que
dans ce moment même. La phalange monarchique, réunie aux séides du ministère
actuel, met de nouveau à découvert tous ses
sinistres projets. Les uns et les autres ne
tiennent compte, ni de l'opinion publique qui

se prononce de plus en plus contre eux, ni du mépris dont elle les couvre, ni du déshonneur qui les attend, ni du danger même qu'ils font courir au trône constitutionnel. Obtenir la victoire dans cette lutte, voilà leur unique désir; succomber, voilà leur seul sujet d'inquiétude : avec des buts différents, qui les rendraient bientôt ennemis, si la France était assez malheureuse pour pouvoir être vaincue, ils s'accordent tous en ce point qu'il est urgent de détruire notre système représentatif.

Avant de se découvrir, il fallait tromper notre auguste monarque, en mentant à sa conscience et au plus saint des devoirs, en trahissant la vérité devant son roi : l'immense majorité des colléges électoraux a donc été calomniée; les électeurs dépeints comme les ennemis de la royauté, les députés élus par eux comme des révolutionnaires. La conséquence naturelle de tant de mensonges était qu'il fallait se hâter de renverser, ou du moins de modifier une loi qui donnait de tels résultats; enfin, pour gagner l'esprit du prince (et cette considération était sans doute la plus puissante), il a fallu masquer tous ces projets criminels du prétexte du bien public. Cette mesure indispensable une fois prise, on a éliminé du conseil trois ministres citoyens qui soutenaient la cause de la patrie. Les journaux ultras et ministériels ont reçu le mot d'ordre, et l'on a vu paraître en même temps le manifeste contre la charte et la loi des élections; manifeste qui a révélé, à la France indignée, la monstrueuse alliance contractée par le ministère, et prévue depuis long-temps par les hommes éclairés.

Je viens de dire, ci-dessus, que jamais péril aussi imminent n'a menacé les droits acquis par vingt-cinq ans de combats. Pour s'en convaincre, il suffit de considérer que la lutte n'est plus engagée aujourd'hui entre la nation et son gouvernement d'un côté, et les hommes monarchiques de l'autre; or personne n'ignore que ces derniers emploieront ce qu'ils ont de pouvoir et d'influence pour en venir à leur honneur; et, d'un autre côté, le ministère se servira de tous les moyens imaginables pour obtenir la victoire. Il est donc de mon devoir de révéler ici les motifs secrets de ces criminelles intrigues, de les dénoncer au formidable tribunal de l'opinion, qui, en se faisant entendre respectueusement au pied du trône, obtiendra un remède aux nouveaux malheurs qu'on prépare à la patrie : car, pour exaucer les vœux de son peuple, le roi législateur n'a besoin que de les connaître. Du reste, nous avons pour nous, en dépit du *Conservateur*, raison, justice, sagesse et force : nous ne devons donc pas désespérer du salut de la liberté.

DES DANGERS

DE LA SITUATION PRÉSENTE,

ET DU MOYEN DE LES DISSIPER.

Ceci fait le sujet des quatre chapitres suivants.

Dans le premier, je vais faire connaître le but secret de la faction monarchique.

Dans le second, je donnerai celui que se propose le ministère actuel.

Dans le troisième, je dévoilerai les justes motifs qui attachent le peuple français à la conservation de la loi des élections et de la charte.

Enfin, dans le quatrième, j'indiquerai le seul remède aux nouvelles calamités qui menacent la patrie.

CHAPITRE I.ᴱᴿ

QUEL EST LE BUT QUE SE PROPOSE LA FACTION EN RENVERSANT LA LOI DES ÉLECTIONS.

En attaquant àujourd'hui avec fureur la loi des élections, la faction ne fait que poursuivre son systême. On sait que, lors de la présentation de cette loi à la législature, il y eut de violents débats, et qu'il ne tint pas aux hommes monarchiques qu'elle ne fût rejetée. Pour s'en convaincre, il suffit de donner quelques extraits des discours prononcés contre elle par les orateurs des deux chambres, qui étaient les organes de cette faction.

A la chambre des pairs, M. le duc de Fitz-James, dans l'éloquente péroraison de son discours contre cette malheureuse loi, s'exprime en ces termes : « J'ai combattu la loi en cherchant à prouver qu'elle était *anti-constitutionnelle* (74), parce qu'elle prive une immense majorité de citoyens du droit que la charte avait voulu leur conserver, celui de participer aux élections ; *anti-monarchique*, parce qu'en détruisant l'influence des grands propriétaires, elle attaque le principe même de la propriété, seul garant de la stabilité des monarchies ; *anti-populaire*, parce qu'elle crée des privilèges, ainsi que des rangs parmi la commune, et détruit réellement la démocratie en la plaçant où elle ne doit pas être, et en créant à sa place une aristocratie bourgeoise ; *anti sociale*, parce que, fondée sur la haine, elle ne peut qu'enfanter la discorde, parce qu'elle réveille tous les partis (75), les met en présence, et nous prépare des troubles et des révolutions nouvelles. J'ajouterai qu'elle est *anti-française*, parce que le résultat inévitable de ces nouveaux troubles et des révolutions nouvelles est la dissolution de la France. »

Dans la chambre des députés, M. de Marcellus s'écrie : sur vingt-cinq millions d'individus, cent

---

(74) La faction attaquait, en 1817, la loi des élections comme anti-constitutionnelle. En 1820, elle l'attaque uniquement comme anti-monarchique. On voit que *les honnêtes gens*, malgré leur immobilité, changent de langage, toutes les fois qu'ils le croyent utile à leurs intérêts.

(75) A proprement parler, il n'existe en France que deux partis : celui de la nation, qui veut conserver les droits acquis au prix de son sang ; et la faction qui, pour recouvrer ses privilèges, ses biens et sa puissance, est capable de tout. C'est du reste une chose fort curieuse, de voir l'un des membres les plus influents du parti, accuser d'avance une loi de réveiller des haines que le parti seul ne cesse de vouloir ressusciter.

mille sont appellés à élire ; la deux cent cin-
quantième partie de la population exprimera
très - inégalement un vœu : *cela pourra-t-il
s'appeller un vœu national.*

M. Cornet-d'Incourt s'écrie de même dans
un saint enthousiasme : braves-vendéens (76),
et vous tous peuples des provinces de l'ouest
(l'orateur aurait dû dire bandits des départements de l'ouest), qui avez combattu si long-
temps pour la défense du trône et de l'autel
(quels défenseurs !), vous dont les habitations
ont été détruites, dont les champs ont été
dévastés, qui avez sacrifié pour cette cause
tout ce que vous aviez au monde ; en vain
prétendez-vous au droit de choisir les députés
qui doivent, de concert avec votre roi, vous
préserver du retour de semblables calamités (77) .... *Vous êtes étrangers à de si*

---

(76) Ici l'honorable orateur, emporté par sa faconde,
découvre un petit bout de l'oreille. Ce qui engageait le
plus fortement M. Cornet-d'Incourt à voter le rejet du
projet de loi, c'était la malheureuse certitude que les
braves vendéens ne pourraient concourir aux opérations
des nouveaux colléges électoraux ; on sent combien
il eut été avantageux pour les nobles députés du côté droit
que des anciens chauffeurs de pieds, de vieux inspecteurs de
diligences, eussent été appelés à donner leur vote. Distinguons
au reste entre les *braves vendéens* de M. Cornet-d'Incourt,
et les *braves vendéens*, si bien représentés par MM. Ma-
nuel, Egonnière et Perreau ; ces derniers, braves dans toute
l'acception du mot, ont donné un démenti formel à la
faction, qui ne cessait de présenter leur pays comme la terre
classique de l'ultrà-royalisme.

(77) C'est à la loi seule des élections que la France est
redevable du retour à l'ordre et à la justice, et par conséquent
de la punition de quelques-uns des assassins de l'ouest et
du midi.

grands intérêts. Vos faibles contributions ne grossissent pas assez les trésors de l'état, vous ne nous *offrez pas de garanties suffisantes* (78)…. Attendu que la loi proposée me paraît dangereuse, inconstitutionnelle, anti-monarchique, et *anti-populaire*, je vote pour son rejet….. en attendant le rétablissement des corporations. (Quelle popularité!)

Ecoutons maintenant M. de la Bourdonnaye: après avoir démontré, à sa manière, que le projet de loi divise la nation en deux classes, la première composée de propriétaires payant trois cents francs de contributions et au-dessus, et la seconde composée de tous les autres citoyens payant au-dessous de ces trois cents francs de rigueur, ajoute qu'en supposant tous les électeurs, appelés par la loi, pères de cinq enfants, ces électeurs ne représenteraient que cinq cents mille individus, tandis que les autres propriétaires, rejetés par la loi, avec le même nombre d'enfants, représenteraient plus de vingt millions d'hommes, continue en ces termes : « Il résulte de ce calcul très-approximatif, que la chambre des députés dans le nouveau système, choisie dans l'opinion de la quarantième partie des propriétaires, ne *serait pas plus* l'organe de l'opinion générale, qu'elle ne représenterait les intérêts communs de la propriété.

» Contradiction manifeste avec les *principes du gouvernement représentatif* (79), dans lequel

***

(78) Quelle garanties peuvent offrir au gouvernement constitutionnel, les hommes que l'honorable orateur se plaît à célébrer ici? nous le prions de nous éclairer sur ce point.

(79) C'était une chose plaisante, que d'entendre, en 1817, à la tribune nationale, les membres de la chambre

la seconde chambre doit être l'organe des vœux de tous , et mandataire de tous les intérêts communs.

» Cette chambre ne pourrait être ici qu'une *seconde chambre des pairs élective*, appelée à défendre les intérêts de la classe qui l'aurait nommée.

» Qui défendrait alors les intérêts communs ? Qui pourrait légalement exprimer les besoins de vingt millions de propriétaires ? Une troisième chambre ! Mais c'est un nouveau tiers que vous instituez ? Personne ! *ce sont tous les citoyens que vous dégradez , c'est la population tout entière que vous prosternez devant le veau d'or, devant l'aristocratie des richesses, la plus dure, la plus insolente des aristocraties* (80).

» Fallait-il verser tant de sang, étaler, depuis vingt-cinq ans, tant de maximes philosophiques, pour arriver à ce résultat, d'annuller peu-à-peu tous les droits que vous avez proclamés, et de

---

introuvable parler, à chaque instant, du gouvernement représentatif. Les auteurs des catégories , des proscriptions, des cours prévôtales, parler du gouvernement représentatif !...... Plus d'une fois la majorité de la chambre de 1817, à qui nous devons la loi des élections , n'a pu garder son sérieux en entendant, dans la discussion, ces *nouveaux constitutionnels*.

(80) M. de la Bourdonnaye déclame ici contre l'aristocratie des richesses. Il trouvait alors que la loi des élections , n'appelant dans les colléges que les plus forts propriétaires de France , devait être rejetée comme *anti-nationale*. Mais , aujourd'hui, lui et ses honorables amis ne trouvent plus qu'elle est trop exclusive : ils l'attaquent, au contraire, parce qu'elle donne trop de prépondérance aux intérêts démocratiques du peuple. Ils voudraient que le droit d'élections fût remis dans les mains de tous les grands propriétaires. Il est toujours temps de faire connaître la bonne-foi de ces *honnêtes gens,*

réduire en esclavage politique la nation que vous avez soulevée aux accents de la liberté ?

» Et vous, peuple français, trop crédule instrument de tous les ambitieux qui se sont élevés sur votre ruine, vous qu'on agite encore, reconnaissez du moins quels sont vos ennemis, quels sont vos défenseurs » (81).

On voit, par ces extraits des discours prononcés à la tribune des deux chambres par les adversaires de la loi des élections, que ces honorables orateurs alléguaient en 1817, pour faire rejeter le projet de loi, des motifs diamétralement opposés à ceux qu'il leur plaît de nous donner aujourd'hui même (82).

---

(81) La France n'a pas jugé à propos de se confier aux paroles de ses nouveaux défenseurs. En dépit de ces messieurs, elle a cru devoir renforcer les rangs du côté gauche. Encore une nouvelle convocation des colléges, et elle aura rendu à la droite toute la justice qui lui est due.

(82) Cette contradiction s'explique aisément. En 1817, la faction monarchique, qui venait d'être frappée par l'ordonnance du 5 septembre, sentit que, pour détruire les impressions défavorables que cet acte royal avait produites, elle devait recouvrir d'un vernis de popularité son opposition au projet de loi sur les élections. Elle changea donc tout-à-coup de langage ; elle ne fit que parler des droits du peuple et de son *indispensable devoir de les soutenir.* On peut présumer aussi qu'elle voulait donner par-là un démenti formel aux motifs réels qui avaient donné naissance à la révolution du 5 septembre, et mettre la nation de son côté en discréditant le gouvernement. La nation n'a pas donné dans le piège ; elle a reçu avec respect, de la main de son roi, cette loi des élections, et elle n'a pas cru devoir témoigner sa reconnaissance à ses *nouveaux défenseurs.*

Mais en 1820, la même faction, qui ne peut se dissimuler que ses principes politiques sont en horreur à la nation, ne peut plus décemment couvrir du prétexte de défendre les droits du peuple, de constituer une chambre *fortement démocratique,* son dessein de renverser cette loi. C'est donc au nom

. Cette honteuse contradiction suffirait seule pour découvrir la fausseté et l'hypocrisie du langage actuel de la faction monarchique, et donnerait à penser également qu'il existe *certaines raisons secrètes* qui la poussent à renverser cette pauvre loi. Je vais m'efforcer de suppléer à son silence, en les dévoilant le mieux qu'il me sera possible. Je suis assuré d'avance que, si cette révélation ne fait aucune impression sur les hommes monarchiques, elle pourra du moins, en éclairant la nation, produire quelques effets salutaires.

Le but que la faction se propose d'atteindre par le renversement de la loi des élections, est celui pour lequel, ainsi que nous l'avons démontré dans le cours de cet ouvrage, elle avait appelé jadis à son secours et les fléaux de la guerre étrangère et les horreurs de la guerre civile. Ce sont ses privilèges odieux, sa puissance féodale, ses biens qu'elle veut reconquérir. Aujourd'hui comme en 1814, ainsi qu'en 1789, elle est prête, pour y parvenir, à bouleverser encore une fois la France.

Mais cette fois, du moins, connaissant son extrême faiblesse, elle veut y suppléer par la ruse; elle revient à sa tactique de 1814. Ennemie jurée de nos institutions, parce qu'elles proscrivent ce qu'elle désire et garantissent ce qu'elle veut récupérer, c'est au nom même de ces institutions qui, selon elle, sont en péril, que la faction veut former des attaques par

du salut de la monarchie, qu'elle veut détruire aujourd'hui une loi coupable seulement de n'avoir pas choisi parmi les *honnêtes gens* de 1815.

lesquelles elle prétend en secret les détruire.
Elle sent bien qu'elle n'en viendra jamais à
bout tant qu'elle ne sera pas maîtresse
de la représentation nationale. C'est donc la
chambre des députés qu'elle veut envahir ; pour
le moment, c'est l'unique objet de tous ses
vœux. Les places de préfets, de procureurs-
généraux, de conseillers-d'état, de ministres
même, n'ont aucun appât pour elle sans cette
importante condition.

Or, elle ne peut se dissimuler qu'avec la
loi actuelle des élections, qui appelle en grande
majorité dans les colléges électoraux les possesseurs de ces propriétés dites nationales, elle
ne pourra jamais parvenir à prévaloir dans
les chambres. Trois épreuves de cette loi
lui ont donné sur cela une triste certitude.
Sur près de cent quatre-vingts députés à choisir
depuis trois ans, la faction monarchique n'a pu
parvenir qu'à faire nommer cinq ou six de ses
honorables membres. Encore une quatrième
épreuve, et les colléges électoraux lui enverront
le certificat de son arrêt de mort politique. La
faction raisonne donc fort juste, en voulant
réaliser les projets qu'elle médite.

Si elle pouvait obtenir le succès désiré,
son premier acte serait donc de substituer à la
loi actuelle une nouvelle loi des élections,
à l'aide de laquelle elle parviendrait à dominer
bientôt dans les deux chambres législatives (83).

----

(83) Il est certain que la faction veut renverser la loi
des élections ; mais, ce qui est également vrai, c'est que
la faction est encore plus embarrassée que le ministère sur
le projet destiné à la remplacer. Les hommes monarchiques

Ce pas important fait, nous ne tarderions pas à voir des merveilles : les beaux jours de 1815 reparaîtraient dans tout leur éclat; les administrations, les tribunaux subiraient de nouvelles épurations. *Une armée à la duc de Feltre* serait bientôt organisée ; il est vrai que, dans le cas d'une nouvelle invasion, cette armée serait incapable, je ne dis pas de protéger, mais de seconder les efforts des citoyens. La faction le sait aussi bien que personne ; mais, comme elle ne considère la formation de cette armée que comme un *puissant moyen d'oppression pour l'intérieur*, si elle atteignait ce but, tous ses désirs seraient accomplis.

On verrait bientôt alors tomber, pièce à pièce, toutes les parties de notre loi fondamentale. Et, qui le croirait ! c'est par la charte même que les *honnétes gens* sauraient nous ramener à l'ancien ordre de choses. Après les priviléges

---

sont en si grand nombre, qu'on peut affirmer hardiment que, quels que soient les électeurs appelés à nommer de nouveaux députés, on ne parviendra jamais à composer une sœur de la chambre de 1815, si bien surnommée *l'introuvable*. Messieurs les hommes monarchiques, choisissez, si vous le voulez, pour électeurs, les hommes payant ou neuf cents francs de contributions directes, ou six cents francs, ou trois cents ou cent francs, vous ne parviendrez jamais à votre but ; vous ne pourriez tout au plus, pauvres esprits ! que corroborer le despotisme du ministère actuel, qui seul pourrait gagner quelque chose à ce changement. Il n'y a, pour vous, qu'un seul moyen de dominer dans la représentation nationale ; c'est d'obtenir une loi des élections, conçue à-peu-près en ces termes :

« Art. 1er. Le collége électoral de chaque département ne » pourra être composé, à l'avenir, de plus de cinquante » membres et de moins de trente.

» Art. 2. Nul ne sera électeur, s'il n'est chevalier de » Saint-Louis, de l'ancienne noblesse, et émigré de 91. »

et les autres calamités inséparables du régime féodal, et proscrites par toutes nos assemblées, on verrait paraître, en dernier lieu, un manifeste contre les propriétés nationales. Tel est le but de la faction monarchique, en détruisant la loi des élections.

Si l'exécution de ces projets ne compromettait pas encore une fois l'existence de la royauté constitutionnelle, sans laquelle institution il ne peut y avoir de prospérité durable pour la France, tout homme de bon sens serait tenté de rire d'une telle folie, *de provoquer même l'attaque*; loin de s'affliger, on devrait se féliciter d'une telle conduite, qui ne ferait qu'amener plus promptement à sa ruine un parti anti-national *qui n'a rien oublié ni rien appris* ; car son anéantissement politique serait sans contredit le plus grand bonheur qui pourrait arriver à ma patrie.

CHAPITRE II.

QUEL BUT SE PROPOSE LE MINISTÈRE PAR LE RENVERSEMENT DE LA LOI DES ÉLECTIONS.

JE viens de prouver que la faction monarchique se flatte de parvenir, par l'abrogation de la meilleure de nos lois, à la destruction totale de la charte constitutionnelle; c'est-à-dire, au retour de l'ancien ordre de choses. Examinons maintenant celui que se propose ce ministère, qui ne craint pas, en faisant cause commune avec les *honnêtes gens*, de se mettre en état de guerre avec la nation. Son but, ainsi que celui de ces messieurs, ne peut être un instant douteux ; et il serait plus dangereux pour la liberté, si la nation n'était pas assez éclairée pour démêler ses projets, et si elle ne trouvait pas, dans la liberté de la presse, l'infaillible moyen de *percer à jour* tous nos grands hommes d'état. Reprenons encore les choses d'un peu plus haut.

On sait qu'il est malheureusement dans la nature de l'homme de désirer sans cesse : voit-il un de ses souhaits accompli, il en rêve de suite de nouveaux, qu'il veut réaliser de même. C'est cette misérable condition de l'humanité qui a fait dire à un poëte célèbre, que l'homme était toujours, dans tous les instants de sa vie,

> Moins riche de ce qu'il possède,
> Que pauvre de ce qu'il n'a pas.

Cette funeste tendance de l'esprit humain se fait encore plus vivement sentir dans les hommes puissants, que dans les simples particuliers. Ces derniers, en présence de la terrible nécessité, sont contraints de se faire une raison, et de se contenter du sort dont ils jouissent ; mais, chez les grands, les richesses acquises, n'importe par quels moyens, la considération qui en est toujours la suite, le pouvoir, sinon de tout faire, du moins de faire beaucoup ; le désir vague, qui est peut-être celui d'échapper à l'ennui, ce cruel supplice qui assiège les lambris dorés ; le désir d'acquérir un plus grand pouvoir, joint à celui de le conserver, désir toujours violent dans les hommes d'état qui parviennent aux premiers rangs et aux premiers honneurs, par tous autres moyens que des talents recommandables et une grande force de caractère; tous ces motifs réunis légitiment à leurs yeux les desseins les plus criminels. Car, je le demande, sans amertume, à MM. Decazes et Pasquier : devaient-ils s'attendre à devenir ministres sous un roi constitutionnel, lorsque l'un d'eux sollicitait la place de préfet de police sous Napoléon, et l'autre briguait l'honneur d'être le secrétaire de la reine Hortense ; lorsqu'on sait encore que le *premier n'a su gouverner que par de misérables lois d'exception*, et que le second ne s'est rendu recommandable que par un projet de loi sur la liberté de la presse, qui, sous tous les rapports, n'en méritait pas le nom ?

Lorsque de tels hommes parviennent au souverain pouvoir, s'ils jugent utile à leurs intérêts de changer de langage et de système, ils le font avec une *candeur* qui tient du prodige ; et ils mettent alors, à attaquer les institutions chères au peuple, une ardeur égale à celle qu'ils avaient mise à les défendre, quand ils croient cette défense utile à leurs intérêts.. C'est, il n'en faut plus douter, c'est la soif de gouverner en maître et *à toujours* (84) qui

______

(84) Ce motif n'est peut-être pas le seul ; sans doute qu'il en existe d'*autres aussi légitimes*, que nous ne connaissons pas, mais que l'avenir dévoilera peut-être un jour. Certaines personnes prétendent cependant que le ministère a une puissante raison d'agir comme il le fait ; cette raison, qu'il est inutile de développer ici, on pourra s'en former une idée en lisant la note 70 de la page 98.

engage le ministre *par excellence* à persister dans les attaques qu'il médite depuis long-temps contre la meilleure de nos lois. Cet homme d'état, qui, comme je viens de le dire, n'a gouverné depuis trois années que par des lois d'exception, et qui ne se sent pas les talents et le courage de gouverner selon la charte, veut non détruire comme les ultras, mais modifier notre constitution de manière qu'elle ne soit plus qu'un vain simulacre ; en un mot, il veut établir ce *faux gouvernement libre*, dont j'ai déjà parlé, et qui doit faire frémir d'horreur et d'indignation tout ami sincère de la liberté.

Mais ce ministre comprend, aussi bien que les *honnêtes gens*, qu'il lui serait impossible d'amener ses projets à la réussite, si la loi des élections était maintenue telle qu'elle est. Comme cette loi n'amène dans le sein de la représentation nationale que des hommes probes, désintéressés, courageux, qui n'entendent jamais raillerie, qui ne cessent de défendre à la tribune les franchises et l'argent du peuple, et qui font entendre souvent des vérités dures aux oreilles des excellences habituées à n'être frappées que par des concerts de louanges, la première chose à faire est donc de la modifier. Le ministre voudrait, en son lieu et place, *une loi en apparence libérale*, pour ne pas trop effaroucher la nation, mais qui, en définitif, peuplât la représentation d'une majorité dévouée, c'est-à-dire, de conseillers-d'état, de directeurs-généraux, de procureurs du roi, et de tous les autres fonctionnaires publics *aussi indépendants*.

Avec une telle chambre, le ministère n'aurait aucune crainte à concevoir pour son existence ; son budget serait adopté comme il le présenterait ; l'éternel ordre du jour répondrait aux plus justes plaintes ; aucune accusation, aucune vérité dure ne viendrait importuner les excellences ; tout se passerait dans le plus grand ordre possible.

Pour tromper davantage la nation, le ministère dirait un mot à l'oreille de quelques-uns de ses affidés, qui monteraient, dans une occasion importante, à la tribune, pour faire, à travers quelques légères critiques, *preuve invincible du patriotisme et de l'indépendance de la représentation*, un éloge complet du ministère, en vantant outre mesure le bonheur dont la France est appelée à jouir sous son administration.

On sent que, dans un tel état de choses, la liberté de la presse n'existerait plus qu'en théorie ; la liberté individuelle ne serait respectée, qu'autant que cela conviendrait au ministère ; et bientôt toutes nos institutions se verraient entachées de ce constitutionalisme bâtard, si bien dépeint par M. Camille-Jordan.

Il pourrait arriver néanmoins que, dans le commencement d'un tel système, le ministère se comportât comme sous un véritable gouvernement représentatif. Mais bientôt............ Il n'est pas sans exemple dans l'histoire qu'un pouvoir absolu, succédant à un gouvernement libre, ait montré dans le commencement un tel amour de la patrie, que le peuple oubliait déjà le bonheur dont il avait joui dans les beaux jours de la liberté..... Hélas! quelques années après, que devenait ce pouvoir absolu?...

Or, quelles sont les modifications que le ministère veut apporter à la loi des élections? Certes, je puis affirmer ici, sans crainte d'être accusé de parler inconsidérément, que nos hommes d'état n'en savent rien eux-mêmes. Pour nous en convaincre, examinons les faits : Si certains bruits sont fondés, un premier projet était prêt long-temps même avant la convocation des chambres; il a été abandonné quelques jours après la séance d'ouverture. La *redoutable minorité* des 112 n'a pas permis, dit-on, de le soumettre à la périlleuse chance d'une discussion publique : il était trop en contradiction avec l'esprit de la charte et les premiers principes d'un gouvernement représentatif. Le ministère a craint, avec raison, d'éprouver de nouvelles défections dans le centre de la chambre. L'indignation de plus en plus prononcée, les innombrables pétitions qui viennent à chaque séance encombrer le bureau du président ont fait ajourner de même les divers projets qui lui ont succédé. Ces bruits paraissent se changer en certitudes, lorsque l'on examine la scandaleuse inaction dans laquelle le ministère ose laisser la législature; inaction qui ne peut être attribuée qu'aux variations continuelles du baromètre ministériel. M. Decazes défait, dit-on, chaque soir l'ouvrage du matin; et il recommence toujours sur nouveaux frais, sans pouvoir se livrer à la douce espérance de réaliser à la fin ses projets. Cette situation est vraiment désespérante pour le président du conseil : si elle continuait long-temps, il ne pourrait plus tenir. Qu'il se hâte donc de mettre au grand jour son enfant chéri ! Quant à moi, j'avoue qu'à la vue d'une aussi redoutable minorité, en présence de la liberté de la presse qui nous fait souvent rire aux dépens des excellences qui nous administrent, je serais plus embarrassé encore que le ministère, si j'étais assez malheureux pour vouloir me charger d'enfanter un projet de loi tel qu'il le désire ; et tout le monde sera de mon opinion.

En effet, que veut en définitif le ministère ? Je l'ai déjà dit : il veut une loi qui introduise ses créatures en grande majorité dans la chambre des députés. Or, que le ministère conserve les patentés, ou qu'il les laisse sur le champ de bataille, comme l'a si chrétiennement dit la sainte *Quotidienne*; qu'il restreigne le droit d'élection aux propriétaires payant ou six cents francs ou mille francs de contributions directes, qu'il établisse deux dégrés d'élections, comme sous les colléges de Bonaparte, *cette ruine encore debout d'un gouvernement usurpateur*; qu'il fasse voter par département, par arrondissement ou par commune, je ne sais si la victoire lui restera. Certes, il est juste d'avouer que, dans ces différentes hypothèses, il aura plus de chances de succès que messieurs les hommes monarchiques ; il est même hors de doute qu'en faisant tous ces changements à la loi actuelle des élections, il ne parvienne à faire élire un grand nombre de ses candidats ; mais l'emportera-t-il en définitif sur la nation ? voilà ce que nous ne pouvons affirmer.

A mon avis, le ministère n'a qu'un seul moyen d'obtenir un succès complet. Malgré tout l'intérêt que je porte à la loi actuelle des élections, les souffrances prolongées du ministère m'inspirent une telle compassion, que je crois devoir faire céder ici les intérêts de la patrie aux devoirs impérieux de la sainte humanité. Voici mon projet : je laisse au conseil d'état des ministres, qui, vu le nombre de ses membres, ne doit pas être aujourd'hui fort occupé, à en polir le style.

Modifications à la loi actuelle des élections.

1º Le collége électoral de chaque département ne pourra, à l'avenir, être composé de plus de cinquante membres et de moins de vingt, *non compris le président, qui sera nommé par une ordonnance royale.*

2º Nul ne pourra désormais en faire partie, s'il n'est préfet, sous-préfet, procureur du roi, substitut, directeur des domaines, receveur général ou particulier, général ou colonel en activité, juge non institué, maire, garde-champêtre, ou s'il ne possède *une fonction publique aussi indépendante.*

Si le ministère parvenait à faire adopter, par la législature, de telles modifications à la loi actuelle des élections, il remporterait, sans contredit, une victoire complète; et c'est alors, qu'*énorgueilli d'un triomphe aussi flatteur, il pourrait se livrer sans crainte à l'exécution de ce systéme admirable de gouvernement que, depuis quelques mois*, *il offre en perspective à la France* (85).

Mais, hélas ! peut-il se flatter aujourd'hui d'un pareil espoir ! qui voudrait lui répondre du succès ? En butte chaque jour aux sarcasmes amers, aux railleries piquantes, aux attaques accusatrices de la nation, il ne peut prolonger sa misérable existence, qu'en s'appuyant sur le côté droit ; et l'on sait d'avance que messieurs les hommes monarchiques ne seront pas disposés à concourir à des modifications qui ne seraient faites que dans l'intérêt du ministère. Placé entre le redoutable côté gauche et le côté droit de la chambre, le ministère se voit réduit à la dure nécessité de ne pouvoir se rallier de nouveau au premier, et de ne pouvoir s'unir franchement au second, sans courir à une perte certaine. (*Voyez la page* 76.)

Cette déplorable situation, que le ministère doit connaître mieux que personne, et qui lui fait acheter bien cher de cruels repentirs, a contribué, *peut-être autant que l'imposante minorité des cent douze*, à paralyser jusqu'ici tous ses projets. Un tel état de choses ne peut que tourner désormais au triomphe de la liberté.

---

(85) En payant en secret les *frères ignorantins*, en encourageant et protégeant les scandaleux missionnaires, en rétablissant les corporations religieuses abolies par les lois. On a beaucoup crié contre le ministère de M. Laîné, et on n'avait pas tort ; mais celui-ci est blanc comme neige en comparaison de son successeur. De la manière que M. Decazes va en besogne, on peut croire que, si la révolution d'Espagne réussit à chasser la sainte inquisition, ce ministre par excellence saura profiter de cette occasion pour accorder l'hospitalité aux successeurs du grand Torquemeda, que Voltaire appelle *bourreau en surplis*.

Elle éclairera les députés honnêtes, mais timides, et qui, avec le meilleur désir d'opérer le bien, ont montré quelquefois trop d'indulgence pour les ministres. Ces hommes resteront enfin convaincus de cette vérité, qu'ils ne peuvent différer plus long - temps d'abandonner les drapeaux d'un ministère qui se juge assez bien lui-même pour ne pas oser présenter les projets désorganisateurs qu'il annonce par ses journaux depuis près de trois mois.

Si ces honorables membres de la chambre nationale sont assez éclairés sur leurs intérêts pour se ranger enfin, dans la crise actuelle, du côté de la nation, certaines taches de leur conduite passée seront pour jamais oubliées ; et cette nation généreuse, faisant la part à la faiblesse humaine, célébrera leur heureux retour à la cause sainte de la patrie. Déjà, dans une importante discussion , quelques - uns des membres les plus influents du centre ont voté avec le côté gauche : ce patriotique exemple ne sera pas inutile ; et tous ceux qui ont encore une conscience et leur honneur à conserver, se hâteront de l'imiter.

CHAPITRE III.

QUEL EST LE BUT QUE SE PROPOSE LA NATION PAR LE MAINTIEN INTÉGRAL DE LA LOI DES ÉLECTIONS.

Vous le voyez....... ce que le ministère attend du renversement de la loi des élections, c'est d'établir son despotisme sur les ruines de nos institutions; et ce que veut la faction monarchique, c'est de nous faire rétrograder vers la monarchie de Louis XIV, ou même de Henri II, si cela était possible. Ces motifs ne peuvent être mis en doute, et l'homme du plus gros bon sens ne pourrait s'y laisser tromper. Aussi, au premier bruit des attaques que l'on méditait contre la meilleure de nos lois, la France a pris l'éveil, et n'a eu qu'un seul cri. Mais quels sont donc les précieux avantages d'une loi que la France paraît tellement affectionner, qu'il est prouvé que, si elle avait à choisir entre elle et la charte constitutionnelle même, elle se déciderait sans balancer pour la première. Je vais les donner le mieux qu'il me sera possible, en ayant soin de ne pas tomber dans des répétitions.

Le peuple français chérit la loi des élections, parce qu'éclairé par deux années d'un régime supportable, il sent plus que jamais que le bonheur qu'il est désormais en droit d'espérer dépend en entier de la bonté de la représentation nationale ; or, il ne peut obtenir un tel résultat que par une excellente loi sur le système électoral. Cette loi, la nation la possède, l'apprécie ; les avantages qu'elle en a retirés déjà sont de sûrs garants de ceux qu'elle en obtiendra encore. Elle se rappelle avec douleur qu'elle dut à la faiblesse ou à l'infidélité de la chambre de 1814, formée par les colléges électoraux de l'empire, l'effrayante catastrophe du 20 mars ; elle se rappelle que c'est à ces mêmes colléges, commentés par une ordonnance, qu'elle dut la chambre des réactionnaires de 1815 ; la nation sait aussi que, depuis la

première exécution de la loi actuelle des élections, elle a goûté quelque repos : elle a vu
disparaître en grande partie les lois et actes de
la tyrannie de cette déplorable époque ; et que,
sur ses débris, la liberté s'est élevée insensiblement et a pris déjà de profondes racines. Tous
ces avantages, je le répète encore, la nation
les doit à cette loi des élections qui, en portant
de nombreux députés au côté gauche de la
chambre, a forcé les différents ministères de
céder, sur beaucoup de points, à la voix de
l'opinion publique, si bien exprimée par cette
partie de la chambre. Enfin, pour tout dire en
peu de mots, c'est à la loi des élections que
nous devons l'avantage de n'avoir pas vu voter,
comme par le passé, le budget par acclamations,
et presque sans examen : la liberté individuelle
a été un peu mieux respectée ; grace à la liberté
de la presse, les ministres ont été contraints
de se renfermer dans les justes bornes de leur
pouvoir légal ; dans les départements, ses nombreux agents n'ont pas osé se livrer, comme en
1815, à des excès de tout genre : voilà ce que
la France doit jusqu'ici à la loi des élections.

La nation n'ignore pas encore que, si cette
loi est maintenue, elle obtiendra dans peu,
outre les garanties et conséquences de la charte
constitutionnelle et les diverses mesures que
nous avons indiquées ci-dessus, toutes celles
dont je n'ai pu parler et qui méritent cependant d'être soigneusement examinées par leur
dégré d'importance.

Ainsi, par exemple, la nation ne tardera
pas à obtenir l'abolition ou du moins une

nouvelle organisation du conseil d'état, de ce corps inconstitutionnel, qui semble placé tout exprès devant la chambre nationale, pour encourager la trahison, augmenter la faiblesse, enfin, exciter les passions de tout genre par le continuel spectacle des honneurs, de la puissance et de la fortune ; de ce conseil d'état, qui, par les étranges attributions dont il est redevable au gouvernement impérial, a seul le droit de décider dans toutes les questions administratives, et qui, par une disposition légale non encore abrogée, peut seul ordonner la mise en accusation d'un fonctionnaire public ; disposition injuste, désastreuse, et qui rend le pouvoir juge et partie dans sa propre cause.

C'est avec la loi des élections que la nation obtiendra de même le renvoi de ces troupes mercenaires dont l'existence dans nos murailles est une grave insulte au peuple français, et dont la présence dans le palais du roi constitutionnel est pénible pour les regards des citoyens et d'une garde fidèle.

C'est avec la loi des élections qu'elle arrêtera le cours effrayant de ces pensions qui menacent de dévorer la fortune publique, et l'indispensable révision de beaucoup d'entre elles ; car, si la nation, de concert avec son roi, veut récompenser noblement les services rendus à la patrie sur les champs de bataille et dans les charges publiques, elle n'entend pas, pour cela, payer les services rendus à l'étranger et contre elle-même dans l'intérieur.

C'est avec la loi des élections, enfin, qu'elle parviendra à placer sur des bases indestructibles la liberté et la royauté, désormais inséparables : car, dans l'état actuel des choses, et cette vérité prédomine dans cette brochure, le gouvernement comme le peuple doivent être convaincus qu'il ne peut exister en France de royauté sans liberté, ni de liberté sans royauté.

CHAPITRE IV.

QUEL EST LE SEUL REMÈDE AUX NOUVELLES CALAMITÉS QUI MENACENT LA PATRIE.

LE peuple français veut, dans les intérêts du trône comme dans ceux de la liberté, le maintien intégral de la charte et du système électoral actuel : il prétend jouir enfin, par l'une et l'autre loi, des avantages d'un véritable gouvernement libre; et, en cela, le peuple ne fait que seconder les intentions de son roi. Certes, nos hommes d'état n'oseraient soutenir que le monarque législateur, en donnant à sa patrie une excellente constitution, n'avait l'intention que de donner un *bienfait inutile*, et d'établir le despotisme ministériel. Louis XVIII veut l'exécution de cette loi fondamentale dans toutes ses conséquences : le peuple français le veut aussi; et rien ne pourra le détourner d'un aussi noble but.

On ne peut se dissimuler alors, que, sous ce rapport, la charte et la loi des élections ont de puissants ennemis, d'autant plus acharnés à les *modifier* ou à les détruire, que ces hommes

savent fort bien que de leurs seules modifications ou de leur ruine dépendent entièrement
ou la continuation de leur pouvoir ou leur
existence politique.

La charte, et sur-tout la loi des élections
qui peut seule lui donner l'existence, a donc
et doit avoir pour ennemis naturels :

1º Le ministère actuel.

2º Les hommes qui, par suite de nos orages
politiques, ont passé à l'étranger, perdu la
totalité ou une partie de leur fortune, tous
leurs privilèges et leur ancienne puissance. La
haine que ces individus portent à la loi des
élections est juste : cette loi, appelant en majorité dans les colléges électoraux actuels les
possesseurs de ces propriétés dites nationales,
qui, comme de raison, ne voteront jamais en
faveur des émigrés (les bancs presque déserts
de l'extrême droite le prouvent assez) ; on
ne peut nier alors que plusieurs de ces hommes
siégent encore dans le sein de la représentation nationale.

3º Tous les individus intéressés aujourd'hui
à soutenir le parti monarchique. Ces hommes
qui, pour la plupart, loin d'avoir perdu dans
nos malheureux troubles civils, les ont ex-
ploités au contraire à leur profit, n'avaient
aucun intérêt à embrasser la cause de la faction.
Malheureusement pour eux ils ont cru servir
leur ambition en marchant sous sa bannière,
et par cette conduite déloyale, ils ont acquis
désormais la certitude qu'ils n'auront pas les
honneurs de la réélection, si la loi est maintenue ; or, on ne peut se dissimuler encore que

ces hommes sont en grand nombre dans la chambre des députés.

4° Enfin , *messieurs du centre*. Ces honorables députés qui, depuis 1814, ont alternativement appuyé le côté droit et le côté gauche, selon le mot d'ordre donné par les ministres, qui, aujourd'hui comme par le passé, demandent encore, dans les discussions les plus importantes, l'ordre du jour, la clôture, le renvoi à une autre séance, *savent aussi par expérience* que, si cette même loi est maintenue, ils doivent faire leurs tristes adieux aux places, aux honneurs et aux dîners ministériels; et l'on sait encore que beaucoup de ces hommes font partie de la chambre actuelle.

En définitif, la loi des élections a pour ennemis naturels dans la représentation nationale devant laquelle on va bientôt porter ce grand procès (car il paraît que le ministère persiste dans ses projets) tous les hommes de l'ancien régime qui siégent comme députés en vertu de prétendus colléges électoraux de l'empire, renforcés de tous ceux qui, sans avoir les mêmes intérêts, font néanmoins cause commune avec les premiers, et qui doivent également leur titre de députés à ces mêmes colléges électoraux; enfin quelques ministériels transfuges de la cause nationale, qui ne rougissent pas aujourd'hui de vouloir détruire une loi des élections qui leur doit l'existence, qu'ils ont défendue l'an dernier, et à laquelle plusieurs d'entre eux doivent l'honneur de siéger dans la représentation.

Le ministère connaissait parfaitement cette secrète disposition d'une grande partie de la chambre. Il se reposa là-dessus du succès de son entreprise. C'est, on n'en peut plus douter, la certitude d'être bien secondé qui encouragea naguères le président du conseil à déclarer, à la tribune, pour toute réponse aux reproches accablants qui lui étaient adressés par le côté gauche, *que, du reste, si on le voulait, le ministère serait conspirateur par la loi.* Ce qui signifiait que son excellence, assurée d'une majorité qu'elle avait comptée d'avance, ne dévierait en rien de la route qu'elle avait résolu de suivre, quelque périlleuse qu'elle fût pour tous les intérêts, et qu'il lui suffisait, pour échapper à toute responsabilité postérieure, de mettre de son côté les formes légales.

On doit croire, pour l'honneur même de ce ministre, que, lorsqu'il parlait ainsi, il comptait *sur une honorable majorité* ; le temps seul pouvait le détromper : il peut se convaincre aujourd'hui par l'échec qu'il vient d'éprouver, que la fortune se lasse à la fin d'accorder de continuelles faveurs ; aussi terrible que le glaive nu suspendu sur la tête de Damoclès, la redoutable minorité des cent douze membres qui sont restés fidèles aux intérêts de la patrie, lui fait perdre l'espérance de conserver désormais le pouvoir.

Cent douze députés, sur deux cent vingt-neuf, viennent de s'opposer formellement à l'ordre du jour proposé par le ministère, sur les pétitions de dix-neuf mille français, relatives au maintien de la charte et de la loi des élections. Le ministère l'a emporté de *cinq voix*, en y comprenant celles de trois de ses membres qui siégent dans la chambre ; cette honteuse

victoire équivalente à une défaite devait lui faire
ouvrir les yeux. Mais que peut la voix de la
raison contre l'ambition et l'intérêt, ces deux
grands mobiles de presque toutes les actions
humaines! Et si, comme on l'affirme, il manquait
à cette mémorable séance cinq ou six députés
du côté gauche, *tandis que le côté droit et le
centre étaient au grand complet*, que deviendra
sa majorité de cinq voix dans une autre discussion sur le même objet? Alors, si le ministère
s'obstine dans ses desseins, il faudra bien qu'il
abandonne la partie; car on ne peut présumer
qu'il veuille tenter les moyens extrèmes de
M. de Villèle; c'est ici le moment d'exprimer le
vif regret que nul membre de la chambre n'ait
jugé àpropos de demander le rappel à l'ordre, de
cet orateur du parti monarchique. A mon avis,
on n'a jamais rien dit d'aussi injurieux pour la
représentation nationale, et de si funeste pour
le gouvernement.

En effet, menacer de *moyens extrêmes* (et
l'on connaît ces moyens extrèmes dont veut
parler ici M. de Villèle) une chambre, *portion
essentielle de la puissance législative*, qui existe,
comme les deux autres branches de ce pouvoir,
en vertu d'un pacte sacré qu'il est de leur
devoir de préserver de toute atteinte, *que nul
d'entre eux ne peut enfreindre sans crime*, si elle
ne repoussait pas, par l'ordre du jour, les pétitions en faveur de la loi des électiens et de la
charte, c'était insulter grossièrement à la législa-
lature; du reste, cette naïveté de M. de Villèle
est plus utile qu'on ne le pense; elle découvre

les véritables sentiments d'amour que la faction conserve pour nos lois fondamentales (86).

Ajoutons que jamais rien de si funeste ne pouvait être conseillé au gouvernement du roi. Selon le monarchique orateur, si le ministère était vaincu dans la lutte, il ne devait pas hésiter un seul instant à se servir du terrible droit de la force, en dissolvant la chambre, en annullant par une ordonnance la loi des élections, et en créant de son autorité privée un nouveau mode électoral. Certes, jamais l'ennemi le plus acharné du gouvernement actuel n'aurait pu lui donner un si dangereux conseil. Je ne veux pas parler de ce que la chambre nationale aurait dû faire dans ce cas, et j'ignore ce qu'elle aurait pu faire ; mais si, violant à son tour la constitution jurée, la chambre avait répondu au coup d'état du gouvernement par un autre coup d'état, de quel côté aurait été la justice ? A qui serait restée la victoire dans cette terrible lutte ? Croit-on possible aujourd'hui de chasser par la force des bayonnettes une chambre *coupable de vouloir conserver intactes et la charte constitutionnelle et les lois qui en découlent ?* Le ministère aurait-il pu se flatter de l'emporter sur

---

(86) Les moyens extrêmes de M. de Villèle coïncident parfaitement avec les idées développées dans un pamphlet d'un noble vicomte, et intitulé *de la Monarchie selon la Charte*. Il paraît que cette loi fondamentale plairait assez à messieurs les monarchiques, s'ils pouvaient parvenir à établir par elle leur ancien despotisme sous un autre nom. La charte plaît à ces messieurs tant qu'ils ont besoin de son appui ; ils la violeraient le jour où ils croiraient cela utile à leurs intérêts, semblables à ces indiens qui adorent et brisent tour à tour l'idole qu'ils ont élevée eux-mêmes.

la majorité d'une chambre soutenue par l'opinion, et derrière laquelle la nation entière se
serait retranchée? Le penser serait folie!... Non,
un coup d'état contre la charte est impossible;
les paroles de M. de Villèle ne prouvent rien
autre chose que l'excès de l'aveuglement et
du délire, et cent douze dignes mandataires
de la nation lui ont prouvé qu'on ne pouvait
concevoir aucune inquiétude à ce sujet. C'est
en vain que le président du conseil, excusant
M. de Villèle tout en paraissant le blâmer, a dit
à la tribune, dans la même séance, *que le
gouvernement était dans l'heureuse situation* (87)
*de n'avoir pas besoin de recourir à des moyens
extraordinaires.* Qui mieux que ce ministre
devait connaître ce que le gouvernement
pouvait; ce qu'il devait dire? c'est qu'il n'était
pas dans l'*heureuse situation*, mais dans l'*heureuse
impuissance*, je ne dis pas d'exécuter, mais
seulement de tenter ces moyens extrêmes.

Je le répète encore, un coup d'état contre
la charte est impossible : si le ministère osait
tenter un pareil moyen, il ne ferait qu'attirer
sur sa tète une terrible responsabilité. Heureuse
encore la France, si le trône constitutionnel
n'en était pas ébranlé!.......... Mais que dis-je ?
où m'emportent l'amour du bien public et l'attachement que je porte à mon roi ? Quand

---

(87) Le ministère donnait à entendre qu'il était sûr *d'une
notable majorité*. Il faut l'avouer, son excellence prenait
un moyen ingénieux de l'acquérir. En supposant vrai ce qui
était faux, il pouvait espérer d'entraîner des députés faibles,
et d'en séduire des crédules.

bien même un coup d'état contre la loi fondamentale ne serait pas dépourvu de toute
possibilité de succès ; le ministère ne trou-
verait-il pas un obstacle invincible dans l'esprit
éclairé du prince ? Loin de concevoir de telles
inquiétudes, la nation attend de son monarque
le seul remède qui convienne aujourd'hui.
Espérons que ses vœux seront bientôt comblés.
Averti par le cri de l'opinion, par l'attitude
aussi noble que respectueuse de la redoutable
minorité des cent douze, notre roi constitutionnel saura, d'un seul mot, conjurer l'orage.
*Un nouveau cinq septembre est désormais iné-
vitable.* Soit que le ministère conserve la majorité de cinq voix ; soit que la minorité des
112 membres devienne à son tour majorité,
une prompte dissolution de la chambre peut
seule conjurer la tempête, en dissipant toutes
les craintes, et en préparant la tranquillité de
la France pour un long avenir.

Le peuple français tout entier a été calomnié
devant son roi, dans les colléges électoraux,
véritables organes de ses sentiments. En soumettant, avec confiance, à ces colléges eux-
mêmes les desseins d'une oligarchie furieuse,
le roi constitutionnel mettra désormais son
trône à l'abri des attaques de tous les factieux,
en ajoutant encore à l'amour et à la reconnaissance de ses sujets fidèles. Les colléges
électoraux sauront dignement répondre à cet
appel, en choisissant pour députés des
hommes intègres, désintéressés et *partisans,
par conviction et non par intérêt*, de la royauté
constitutionnelle. C'est alors qu'on ne verra

plus, dans la chambre nationale, un grand nombre de ces représentants d'un parti qui n'est rien dans la nation ; il n'existera plus qu'une seule opinion, qui, sans doute, se divisera en plusieurs nuances, mais qui se confondront toutes dans un même sentiment d'amour pour nos institutions et le monarque qui nous les a données : et c'est alors encore que, pour me servir des expressions d'un noble pair que j'ai déjà cité, et qui, durant tout le cours de sa longue vie politique, monta toujours sur la brèche pour la défense de la liberté, *c'est alors que les bénédictionns des citoyens*, remontant vers le trône, l'environneront sans cesse de respect, de reconnaissance et d'amour.

Voilà le seul remède aux malheurs qui menacent encore la patrie ; tout autre moyen serait aussi inutile que dangereux. Le gouvernement est arrivé à ce point de ne pouvoir se servir désormais de ces demi-mesures ; il faut qu'il se décide à marcher avec la liberté, ou à arborer franchement la bannière des hommes monarchiques, au risque de devenir encore victime d'une révolution. De tristes exemples doivent être présents à sa mémoire. Pourrait-il consentir à prouver que l'expérience, qui forme les hommes en rectifiant leurs erreurs, n'a pu produire sur lui aucun effet salutaire ?

CHAPITRE V ET DERNIER.

DANS TOUT ÉTAT LIBRE LES TROIS BRANCHES DE LA PUISSANCE
LÉGISLATIVE PEUVENT-ELLES MODIFIER SANS MANDAT SPÉCIAL
LA CONSTITUTION D'UN PEUPLE.

LE développement de cette proposition devait
naturellement trouver sa place, à la suite du
chapitre dans lequel je dévoile le but que se
propose le ministère, par le renversement de
notre système électoral. Mais, comme il était à
peu près constant alors qu'il avait renoncé à ce
dernier dessein, soit par la crainte de ren-
contrer une trop forte opposition dans les
chambres et la masse du peuple, soit pour com-
plaire à la faction monarchique qui, pour aveugler
sur ses projets, paraît vouloir la conserver
entière (comme si la loi des élections une fois
détruite, la charte ne restait pas exposée sans
défense aux attaques de ces estimables personnages). Je m'étais déterminé à n'en pas parler,
pour abréger autant que possible; mais, en y
réfléchissant depuis, j'ai cru reconnaître que
quelques courtes réflexions à ce sujet pourraient
être utiles : je me hâte de les soumettre à mes
concitoyens.

D'abord, il est de principe incontestable que
la *puissance créée* ne peut jamais donner des
lois à la *puissance créatrice*. Or, le cas arriverait
cependant, si dans un état libre les trois
branches de la puissance législative pouvaient
modifier, de quelque manière que ce fût, la
loi fondamentale.

Un pouvoir supérieur a seul le droit incontestable de provoquer, s'il le juge convenable, les modifications à l'acte constitutionnel : ce pouvoir supérieur, c'est le *peuple*, dont l'existence et le bonheur doivent être la fin de toute loi, de tout gouvernement.

Il suit de ces principes éternels, que les trois branches de notre puissance législative, c'est-à-dire, le roi et les chambres, ne peuvent, sans *mandat spécial*, modifier la charte constitutionnelle dans les parties même qui paraissent les moins essentielles. Cette charte, donnée par le monarque et à toujours, est devenue le patrimoine de la France; et s'il est à regretter que ce contrat synallagmatique n'ait pas reçu, dans le principe, l'approbation directe de l'une des deux parties contractantes, il a reçu du temps et de l'opinion cette sanction qui lui manquait peut-être.

La nation française a donc seule le droit incontestable de demander la révision de l'acte constitutionnel, et d'indiquer elle-même les différentes modifications dont-il peut être susceptible. On ne peut, sans se mettre en contradiction avec les premiers principes de la saine raison politique, assimiler *cette loi de nos lois*, aux lois ordinaires qui seules peuvent être proposées, modifiées ou abrogées par la législature, suivant qu'elles peuvent être utiles ou contraires aux développements de la constitution.

Ajoutons, en dernier lieu que dans ses intérêts même, un gouvernement fondé sur des institutions constitutionnelles ne doit jamais

concevoir la malheureuse idée de les modifier
sans cesse ; qui ne connaît la de stinée commune
de tous ces différents pouvoirs qui tour-à-tour
et depuis près de trente ans ont dominé la
France. A quoi chacun d'eux peut-il imputer sa
chûte ? A ce malheureux penchant de créer et
d'annuller les lois. N'est-ce pas le cas de dire
ici avec le psalmiste : *erudimini qui judicatis
terram ;* voyez et profitez, vous tous qui gou-
vernez les peuples.

Je viens de remplir tant bien que mal la
tâche que je m'étais imposée ; les événements
qui se succédent avec rapidité ne m'ont pas
permis de me livrer à de plus longs développements. Ce que j'ai dit n'est rien en comparaison de ce que j'aurais pu dire ; la *mine
monarchique est riche* , un autre plus instruit
que moi l'exploitera un jour tout entière pour
l'édification des contemporains, et l'instruction
de la postérité !

Je n'ignore pas que quelques personnes
pourront me blâmer d'oser élever ma faible voix,
les unes par l'amitié dont elles m'honorent ,
et vu les circonstances difficiles où nous nous
trouvons; les autres par des motifs que chacun
connaît et apprécie d'avance; *mais c'est uniquement
parce que les circonstances sont difficiles , que j'ai
voulu élever la voix.* Cette brochure , entreprise
et exécutée dans moins d'un mois , se sentira
sans doute de la précipitation autant que de la
faiblesse d'esprit de l'auteur ; mais si elle donne
beau jeu à la satire, du moins elle n'accusera
pas son cœur ; et tous les généreux citoyens

sauront lui rendre cette justice qu'avant tout
il chérit sa patrie et la liberté, non pas cette
liberté farouche, qui ne vit que de sang et de
rapines, chacun sait qu'elle n'en a que le nom,
mais cette liberté sainte, qui sait régner sans
violence, protégée par de justes lois, et qui tôt
ou tard deviendra le patrimoine de tous les
peuples civilisés.

TABLE.

DES DANGERS DE LA SITUATION PRÉSENTE.